马克思恩格斯列宁
经典论述摘编

主　编
陈　朋　黄　丽　曹晗蓉
副主编
汤顶华　赵园园　王　欣　魏岩岩

图书在版编目 (CIP) 数据

马克思恩格斯列宁经典论述摘编 / 陈朋, 黄丽, 曹晗蓉主编; 汤顶华等副主编. —北京: 中央编译出版社, 2022.12

ISBN 978-7-5117-4258-2

Ⅰ.①马⋯ Ⅱ.①陈⋯ ②黄⋯ ③曹⋯ ④汤⋯ Ⅲ.①马列著作–汇编 Ⅳ.① A5

中国版本图书馆 CIP 数据核字 (2022) 第 163740 号

马克思恩格斯列宁经典论述摘编

策划统筹	郗卫东
责任编辑	何 蕾
执行编辑	宋 妍
责任印制	刘 慧
出版发行	中央编译出版社
地　　址	北京市海淀区北四环西路 69 号（100080）
电　　话	（010）55627391（总编室）　（010）55627401（编辑室）
	（010）55627320（发行部）　（010）55627377（新技术部）
经　　销	全国新华书店
印　　刷	北京印刷集团有限责任公司印刷一厂
开　　本	710 毫米 ×1000 毫米　1/16
字　　数	168 千字
印　　张	13.75
版　　次	2022 年 12 月第 1 版
印　　次	2022 年 12 月第 1 次印刷
定　　价	68.00 元

新浪微博：@中央编译出版社　　　　微　信：中央编译出版社（ID：cctphome）
淘宝店铺：中央编译出版社直销店（http://shop108367160.taobao.com）（010）55627331

本社常年法律顾问：北京市吴栾赵阎律师事务所律师　　闫军　梁勤
凡有印装质量问题，本社负责调换，电话：（010）55626985

编写说明

本书以完整反映马克思主义理论为出发点，精选马克思、恩格斯、列宁经典著作的重要论点。这些重要论点都是马克思主义经典著作要论的精华，不仅全面、准确地反映了马克思主义基本理论的真谛，而且对当前中国的发展具有重要启示意义。

本书大部分论述选自人民出版社整理出版的马克思主义经典著作系列卷本，尽量保留了原书原貌。同时参考了中央编译出版社等知名出版机构发表的马克思主义最新研究成果。

全书由六章构成，主要涵盖马克思主义唯物辩证法的重要内容。为方便阅读和查找，编者增加了章节标题和相关注释。希望本书能够帮助广大读者系统掌握马克思主义科学内容，深刻领悟马克思主义作为认识世界、改造世界的科学指南和思想武器，始终具有强大生命力和实践指导力。

目 录

第一章　物质与意识　001
　　一、世界统一于物质 003
　　二、物质存在的基本方式 006
　　三、物质与意识的辩证统一 011

第二章　实践与认识　019
　　一、实践的本质 021
　　二、实践决定认识 025
　　三、理论对实践具有重要作用 030
　　四、实践检验真理 034

第三章　联系、运动与发展　041
　　一、唯物辩证法的范畴和规律 043
　　二、世界是普遍联系的 056
　　三、永恒的运动与发展 060
　　四、矛盾是事物发展的动力 065
　　五、发展具有内在规律 077

第四章　人、自然与社会　089
　　一、劳动创造了人 091

二、人的属性 095

　　三、自然界的存在方式 101

　　四、社会的形成及发展 104

　　五、社会结构形态 110

　　六、社会交往及关系 118

　　七、社会意识 122

　　八、社会形态的不断演进 128

第五章　群众与历史　131

　　一、人民群众是历史的创造者 133

　　二、群众在历史上具有重要作用 135

　　三、群众与领袖 137

　　四、密切群众关系 143

第六章　阶级、政党与国家　151

　　一、阶级 153

　　二、政党 166

　　三、国家 177

　　四、革命 186

　　五、政治制度 204

后记　213

第一章　物质与意识

一、世界统一于物质

二、物质存在的基本方式

三、物质与意识的辩证统一

一、世界统一于物质

人并没有创造物质本身。甚至人创造物质的这种或那种生产能力,也只是在物质本身预先存在的条件下才能进行。

马克思和恩格斯:《神圣家族》（1844 年 9—11 月）
见《马克思恩格斯全集》第 2 卷,人民出版社 1957 年版,第 58 页。

物质在其一切变化中仍永远是物质,它的任何一个属性任何时候都不会丧失,因此,物质虽然必将以铁的必然性在地球上再次毁灭物质的最高的精华——思维着的精神,但在另外的地方和另一个时候又一定会以同样的铁的必然性把它重新产生出来。

恩格斯:《自然辩证法》（1873—1882 年）
见《马克思恩格斯文集》第 9 卷,人民出版社 2009 年版,第 426 页。

马克思恩格斯列宁经典论述摘编

物质本身是纯粹的思想创造物和纯粹的抽象。当我们用物质概念来概括各种有形地存在着的事物的时候,我们是把它们的质的差异撇开了。因此,物质本身和各种特定的、实存的物质的东西不同,它不是感性地存在着的东西。

恩格斯:《自然辩证法》(1873—1882年)
见《马克思恩格斯文集》第9卷,人民出版社2009年版,第511页。

物质是标志客观实在的哲学范畴,这种客观实在是人通过感觉感知的,它不依赖于我们的感觉而存在,为我们的感觉所复写、摄影、反映。

列宁:《唯物主义和经验批判主义》(1908年2—10月)
见《列宁选集》第2卷,人民出版社2012年版,第89页。

如果说世界是运动着的物质,那么我们可以而且应该从这个运动、即这个物质的运动的无限错综复杂的表现来对物质进行无止境的研究;在物质之外,在每一个人所熟悉的"物理的"外部世界之外,不可能有任何东西存在。

列宁:《唯物主义和经验批判主义》(1908年2—10月)
见《列宁选集》第2卷,人民出版社2012年版,第236页。

第一章
物质与意识

世界的统一性并不在于它的存在，尽管世界的存在是它的统一性的前提，因为世界必须先存在，然后才能是统一的。……世界的真正的统一性在于它的物质性，而这种物质性不是由魔术师的三两句话所证明的，而是由哲学和自然科学的长期的和持续的发展所证明的。

恩格斯：《反杜林论》
（1876年9月—1878年6月）
见《马克思恩格斯文集》第9卷，人民出版社2009年版，第47页。

物、物质无非是各种物的总和，而这个概念就是从这一总和中抽象出来的……

恩格斯：《自然辩证法》
（1873—1882年）
见《马克思恩格斯文集》第9卷，人民出版社2009年版，第500页。

至今我们认识物质所达到的那个界限正在消失，我们的知识正在深化；那些从前看来是绝对的、不变的、原本的物质特性(不可入性、惯性、质量等等)正在消失，现在它们显现出是相对的、仅为物质的某些状态所固有的。因为物质的唯一"特性"就是：它是客观实在，它存在于我们的意识之外。

列宁：《唯物主义和经验批判主义》（1908年2—10月）
见《列宁选集》第2卷，人民出版社2012年版，第191—192页。

马克思恩格斯列宁经典论述摘编

物质这个概念，正如我们已经讲过的，在认识论上指的只是不依赖于人的意识而存在并且为人的意识所反映的客观实在，而不是任何别的东西。

列宁:《唯物主义和经验批判主义》（1908年2—10月）

见《列宁选集》第2卷，人民出版社2012年版，第192页。

二、物质存在的基本方式

一切存在物，一切生活在地上和水中的东西，只是由于某种运动才得以存在、生活。

马克思:《哲学的贫困》（1847年上半年）

见《马克思恩格斯文集》第1卷，人民出版社2009年版，第600页。

在物质固有的特性中，第一个特性而且是最重要的特性是运动，——不仅是物质的机械的和数学的运动，而且更是物质的冲动、活力、张力……

马克思和恩格斯:《神圣家族》（1844年9—11月）

见《马克思恩格斯文集》第1卷，人民出版社2009年版，第331页。

运动是物质的存在方式。无论何时何地，都没有也不可能有没有运动的物质。

恩格斯:《反杜林论》
（1876年9月—1878年6月）

见《马克思恩格斯文集》第9卷，人民出版社2009年版，第64页。

除了永恒变化着的、永恒运动着的物质及其运动和变化的规律以外，再没有什么永恒的东西了。

恩格斯:《自然辩证法》
（1873—1882年）

见《马克思恩格斯文集》第9卷，人民出版社2009年版，第426页。

对象是运动着的物质。物质本身的各种不同的形式和种类又只有通过运动才能认识，物体的属性只有在运动中才显示出来；关于不运动的物体，是没有什么可说的。因此，运动着的物体的性质是从运动的形式得出来的。

恩格斯:《自然辩证法》
（1873—1882年）

见《马克思恩格斯文集》第9卷，人民出版社2009年版，第503页。

马克思恩格斯列宁经典论述摘编

运动，就它被理解为物质的存在方式、物质的固有属性这一最一般的意义来说，涵盖宇宙中发生的一切变化和过程，从单纯的位置变动直到思维。

恩格斯：《自然辩证法》
（1873—1882年）
见《马克思恩格斯文集》第9卷，人民出版社2009年版，第513页。

既然我们面前的物质是某种既有的东西，是某种既不能创造也不能消灭的东西，那么由此得出的结论就是：运动也是既不能创造也不能消灭的。

恩格斯：《自然辩证法》
（1873—1882年）
见《马克思恩格斯文集》第9卷，人民出版社2009年版，第514页。

物体是离不开运动的，各种物体的形式和种类只有在运动中才能认识，处于运动之外，处于同其他物体的一切关系之外的物体，是谈不上的。物体只有在运动之中才显示出它是什么。

恩格斯：《致马克思》
（1873年5月30日）
见《马克思恩格斯文集》第10卷，人民出版社2009年版，第385页。

第一章
物质与意识

运动和物质本身一样,是既不能创造也不能消灭的;正如比较早的哲学(笛卡儿)所说的:存在于宇宙中的运动的量永远是一样的。因此,运动不能创造,只能转移。

恩格斯:《反杜林论》
(1876年9月—1878年6月)
见《马克思恩格斯文集》第9卷,人民出版社2009年版,第64页。

任何静止、任何平衡都只是相对的,只有对这种或那种特定的运动形式来说才是有意义的。……没有运动的物质和没有物质的运动一样,是不可想象的。

恩格斯:《反杜林论》
(1876年9月—1878年6月)
见《马克思恩格斯文集》第9卷,人民出版社2009年版,第64页。

从辩证的观点看来,运动可以通过它的对立面即静止表现出来,这根本不是什么困难。从辩证的观点看来,这全部对立,正如我们已经看到的,都只是相对的;绝对的静止、无条件的平衡是不存在的。个别的运动趋向平衡,总的运动又破坏平衡。

恩格斯:《反杜林论》
(1876年9月—1878年6月)
见《马克思恩格斯文集》第9卷,人民出版社2009年版,第67页。

马克思恩格斯列宁经典论述摘编

但是物质的运动不仅仅是粗糙的机械运动、单纯的位置移动，它也是热和光、电压和磁压、化学的化合和分解、生命乃至意识。

恩格斯：《自然辩证法》
（1873—1882年）
见《马克思恩格斯文集》第9卷，人民出版社2009年版，第424页。

一切平衡都只是相对的和暂时的。

恩格斯：《自然辩证法》
（1873—1882年）
见《马克思恩格斯文集》第9卷，人民出版社2009年版，第533页。

世界上除了运动着的物质，什么也没有，而运动着的物质只能在空间和时间中运动。人类的时空观念是相对的，但绝对真理是由这些相对的观念构成的；这些相对的观念在发展中走向绝对真理，接近绝对真理。

列宁：《唯物主义和经验批判主义》（1908年2—10月）
见《列宁选集》第2卷，人民出版社2012年版，第137页。

三、物质与意识的辩证统一

▼

发展着自己的物质生产和物质交往的人们,在改变自己的这个现实的同时也改变着自己的思维和思维的产物。

马克思和恩格斯:《德意志意识形态》
(1845年秋—1846年5月)

见《马克思恩格斯文集》第1卷,人民出版社2009年版,第525页。

全部哲学,特别是近代哲学的重大的基本问题,是思维和存在的关系问题。

恩格斯:《路德维希·费尔巴哈和德国古典哲学的终结》
(1886年初)

见《马克思恩格斯文集》第4卷,人民出版社2009年版,第277页。

哲学家们只是用不同的方式解释世界,问题在于改变世界。

马克思:《关于费尔巴哈的提纲》
(1845年春)

见《马克思恩格斯文集》第1卷,人民出版社2009年版,第502页。

马克思恩格斯列宁经典论述摘编

思想、观念、意识的生产最初是直接与人们的物质活动，与人们的物质交往，与现实生活的语言交织在一起的。人们的想象、思维、精神交往在这里还是人们物质行动的直接产物。表现在某一民族的政治、法律、道德、宗教、形而上学等的语言中的精神生产也是这样。

马克思和恩格斯：《德意志意识形态》
（1845年秋—1846年5月）
见《马克思恩格斯文集》第1卷，人民出版社2009年版，第524页。

意识［das Bewußtsein］在任何时候都只能是被意识到了的存在［das bewußteSein］，而人们的存在就是他们的现实生活过程。

马克思和恩格斯：《德意志意识形态》
（1845年秋—1846年5月）
见《马克思恩格斯文集》第1卷，人民出版社2009年版，第525页。

人们的观念、观点和概念，一句话，人们的意识，随着人们的生活条件、人们的社会关系、人们的社会存在的改变而改变，这难道需要经过深思才能了解吗？

马克思和恩格斯：《共产党宣言》
（1847年12月—1848年1月底）
见《马克思恩格斯文集》第2卷，人民出版社2009年版，第50—51页。

第一章
物质与意识

物质生活的生产方式制约着整个社会生活、政治生活和精神生活的过程。不是人们的意识决定人们的存在，相反，是人们的社会存在决定人们的意识。

马克思：《〈政治经济学批判〉序言》（1859年1月）
见《马克思恩格斯文集》第2卷，人民出版社2009年版，第591页。

人们的意识取决于人们的存在而不是相反，这个原理看来很简单，但是仔细考察一下也会立即发现，这个原理的最初结论就给一切唯心主义，甚至给最隐蔽的唯心主义当头一棒。

恩格斯：《卡尔·马克思〈政治经济学批判。第一分册〉》（1859年8月3—15日）
见《马克思恩格斯文集》第2卷，人民出版社2009年版，第598页。

物质在其永恒的循环中是按照规律运动的，这些规律在一定的阶段上——时而在这里，时而在那里——必然在有机体中产生出思维着的精神。

恩格斯：《自然辩证法》（1873—1882年）
见《马克思恩格斯文集》第9卷，人民出版社2009年版，第407页。

马克思恩格斯列宁经典论述摘编

物质从自身中发展出了能思维的人脑，这对机械论来说，是纯粹偶然的事件，虽然事情的发生是逐步地必然地决定了的。但是事实上，进一步发展出能思维的生物，是物质的本性，因而凡在具备了条件(这些条件并非在任何地方和任何时候都必然是一样的)的地方是必然要发生的。

恩格斯：《自然辩证法》
（1873—1882年）
见《马克思恩格斯文集》第9卷，人民出版社2009年版，第473页。

究竟什么是思维和意识，它们是从哪里来的，那么就会发现，它们都是人脑的产物，而人本身是自然界的产物，是在自己所处的环境中并且和这个环境一起发展起来的；这里不言而喻，归根到底也是自然界产物的人脑的产物，并不同自然界的其他联系相矛盾，而是相适应的。

恩格斯：《反杜林论》
（1876年9月—1878年6月）
见《马克思恩格斯文集》第9卷，人民出版社2009年版，第38—39页。

第一章
物质与意识

我们自己所属的物质的、可以感知的世界，是唯一现实的；而我们的意识和思维，不论它看起来是多么超感觉的，总是物质的、肉体的器官即人脑的产物。物质不是精神的产物，而精神本身只是物质的最高产物。这自然是纯粹的唯物主义。

恩格斯:《路德维希·费尔巴哈和德国古典哲学的终结》（1886年初）
见《马克思恩格斯文集》第4卷，人民出版社2009年版，第281页。

物质的存在不依赖于感觉。物质是第一性的。感觉、思想、意识是按特殊方式组成的物质的高级产物。这就是一般唯物主义的观点，特别是马克思和恩格斯的观点。

列宁:《唯物主义和经验批判主义》（1908年2—10月）
见《列宁选集》第2卷，人民出版社2012年版，第51页。

思想是头脑的机能；感觉即外部世界的映象是存在于我们之内的，是由物对我们感官的作用所引起的。

列宁:《唯物主义和经验批判主义》（1908年2—10月）
见《列宁全集》第18卷，人民出版社1988年版，第87页。

马克思恩格斯列宁经典论述摘编

一切观念都来自经验，都是现实的反映——正确的或歪曲的反映。

恩格斯：《反杜林论》
（1876年9月—1878年6月）
见《马克思恩格斯文集》第9卷，人民出版社2009年版，第344页。

外部世界对人的影响表现在人的头脑中，反映在人的头脑中，成为感觉、思想、动机、意志，总之，成为"理想的意图"，并且以这种形态变成"理想的力量"。

恩格斯：《路德维希·费尔巴哈和德国古典哲学的终结》
（1886年初）
见《马克思恩格斯文集》第4卷，人民出版社2009年版，第285—286页。

对象、物、物体是在我们之外、不依赖于我们而存在着的，我们的感觉是外部世界的映象。这个结论是由一切人在生动的人类实践中作出来的，唯物主义自觉地把这个结论作为自己认识论的基础。

列宁：《唯物主义和经验批判主义》（1908年2—10月）
见《列宁选集》第2卷，人民出版社2012年版，第78页。

感觉是客观世界、即世界自身的主观映象。

列宁：《唯物主义和经验批判主义》（1908年2—10月）

见《列宁全集》第18卷，人民出版社1988年版，第118页。

不通过感觉，我们就不能知道物质的任何形式，也不能知道运动的任何形式；感觉是运动着的物质作用于我们的感官而引起的。……我们的感觉反映客观实在，就是说，反映不依赖于人类和人的感觉而存在的东西。

列宁：《唯物主义和经验批判主义》（1908年2—10月）

见《列宁全集》第18卷，人民出版社1988年版，第316页。

意识总是反映存在的，这是整个唯物主义的一般原理。

列宁：《唯物主义和经验批判主义》（1908年2—10月）

见《列宁选集》第2卷，人民出版社2012年版，第219页。

第二章　实践与认识

一、实践的本质

二、实践决定认识

三、理论对实践具有重要作用

四、实践检验真理

一、实践的本质

从前的一切唯物主义（包括费尔巴哈的唯物主义）的主要缺点是：对对象、现实、感性，只是从客体的或者直观的形式去理解，而不是把它们当做感性的人的活动，当做实践去理解，不是从主体方面去理解。

马克思：《关于费尔巴哈的提纲》（1845年春）

见《马克思恩格斯文集》第1卷，人民出版社2009年版，第499页。

实践高于（理论的）认识，因为它不仅具有普遍性的品格，而且还具有直接现实性的品格。

列宁：《哲学笔记》（1895—1916年）

见《列宁专题文集（论辩证唯物主义和历史唯物主义）》，人民出版社2009年版，第139页。

马克思恩格斯列宁经典论述摘编

最蹩脚的建筑师从一开始就比最灵巧的蜜蜂高明的地方，是他在用蜂蜡建筑蜂房以前，已经在自己的头脑中把它建成了。劳动过程结束时得到的结果，在这个过程开始时就已经在劳动者的表象中存在着，即已经观念地存在着。

马克思：《资本论》第 1 卷（1867 年）

见《马克思恩格斯文集》第 5 卷，人民出版社 2009 年版，第 208 页。

人处在一种对作为满足他的需要的资料的外界物的关系中。但是，人们决不是首先"处在这种对外界物的理论关系中"。正如任何动物一样，他们首先是要吃、喝等等，也就是说，并不"处在"某一种关系中，而是积极地活动，通过活动来取得一定的外界物，从而满足自己的需要。

马克思：《评阿·瓦格纳的"政治经济学教科书"》（1879 年下半年—1880 年 11 月）

见《马克思恩格斯全集》第 19 卷，人民出版社 1963 年版，第 405 页。

环境的改变和人的活动或自我改变的一致，只能被看做是并合理地理解为革命的实践。

马克思：《关于费尔巴哈的提纲》（1845 年春）

见《马克思恩格斯文集》第 1 卷，人民出版社 2009 年版，第 500 页。

个人怎样表现自己的生命,他们自己就是怎样。因此,他们是什么样的,这同他们的生产是一致的——既和他们生产什么一致,又和他们怎样生产一致。因而,个人是什么样的,这取决于他们进行生产的物质条件。

马克思和恩格斯:《德意志意识形态》
（1845年秋—1846年5月）
见《马克思恩格斯文集》第1卷,人民出版社2009年版,第520页。

为了进行生产,人们相互之间便发生一定的联系和关系;只有在这些社会联系和社会关系的范围内,才会有他们对自然界的影响,才会有生产。

马克思:《雇佣劳动与资本》
（1847年12月下半月）
见《马克思恩格斯文集》第1卷,人民出版社2009年版,第724页。

说到生产,总是指在一定社会发展阶段上的生产——社会个人的生产。

马克思:《1857—1858年经济学手稿摘选》
见《马克思恩格斯文集》第8卷,人民出版社2009年版,第6—9页。

马克思恩格斯列宁经典论述摘编

人是最名副其实的政治动物,不仅是一种合群的动物,而且是只有在社会中才能独立的动物。孤立的一个人在社会之外进行生产——这是罕见的事,在已经内在地具有社会力量的文明人偶然落到荒野时,可能会发生这种事情——就像许多个人不在一起生活和彼此交谈而竟有语言发展一样,是不可思议的。

马克思:《1857—1858年经济学手稿摘选》
见《马克思恩格斯文集》第8卷,人民出版社2009年版,第6页。

我们用来作为认识论的标准的实践应当也包括天文学上的观察、发现等等的实践。

列宁:《唯物主义和经验批判主义》(1908年2—10月)
见《列宁专题文集(论辩证唯物主义和历史唯物主义)》,人民出版社2009年版,第47页。

二、实践决定认识

思想本身根本不能实现什么东西。思想要得到实现，就要有使用实践力量的人。

马克思和恩格斯：《神圣家族》
（1844年9—11月）

见《马克思恩格斯文集》第1卷，人民出版社2009年版，第320页。

一步实际运动比一打纲领更重要。

马克思：《〈哥达纲领批判〉给威廉·白拉克的信》
（1875年5月5日）

见《马克思恩格斯文集》第3卷，人民出版社2009年版，第426页。

全部社会生活在本质上是实践的。凡是把理论引向神秘主义的神秘东西，都能在人的实践中以及对这种实践的理解中得到合理的解决。

马克思：《关于费尔巴哈的提纲》
（1845年春）

见《马克思恩格斯文集》第1卷，人民出版社2009年版，第501页。

理论的方案需要通过实际经验的大量积累才臻于完善。

**马克思:《资本论》第1卷
（1867年）**

见《马克思恩格斯文集》第5卷，人民出版社2009年版，第437页。

人的思维的最本质的和最切近的基础，正是人所引起的自然界的变化，而不仅仅是自然界本身；人在怎样的程度上学会改变自然界，人的智力就在怎样的程度上发展起来。

**恩格斯:《自然辩证法》
（1873—1882年）**

见《马克思恩格斯文集》第9卷，人民出版社2009年版，第483页。

在从笛卡儿到黑格尔和从霍布斯到费尔巴哈这一长时期内，推动哲学家前进的，决不像他们所想象的那样，只是纯粹思想的力量。恰恰相反，真正推动他们前进的，主要是自然科学和工业的强大而日益迅猛的进步。

**恩格斯:《路德维希·费尔巴哈和德国古典哲学的终结》
（1886年初）**

见《马克思恩格斯文集》第4卷，人民出版社2009年版，第280页。

第二章
实践与认识

社会一旦有技术上的需要，这种需要就会比十所大学更能把科学推向前进。

恩格斯：《致瓦尔特·博尔吉乌斯》（1894年1月25日）

见《马克思恩格斯文集》第10卷，人民出版社2009年版，第668页。

生活、实践的观点，应该是认识论的首要的和基本的观点。这种观点必然会导致唯物主义，而把教授的经院哲学的无数臆说一脚踢开。

列宁：《唯物主义和经验批判主义》（1908年2—10月）

见《列宁专题文集（论辩证唯物主义和历史唯物主义）》，人民出版社2009年版，第49页。

革命理论是不能臆造出来的，它是从世界各国的革命经验和革命思想的总和中生长出来的。这种理论在19世纪后半期形成。它叫做马克思主义。

列宁：《一位法裔社会党人诚实的呼声》（1915年8月）

见《列宁专题文集（论马克思主义）》，人民出版社2009年版，第298页。

马克思恩格斯列宁经典论述摘编

"事在人为",工人和农民应当把这个真理牢牢记住。他们应当懂得,现在一切都在于实践,现在已经到了这样一个历史关头:理论在变为实践,理论由实践赋予活力,由实践来修正,由实践来检验……

列宁:《怎样组织竞赛?》（1917年12月24—27日〔1918年1月6—9日〕）

见《列宁专题文集（论社会主义）》,人民出版社2009年版,第59—60页。

观念的东西不外是移入人的头脑并在人的头脑中改造过的物质的东西而已。

马克思:《〈资本论〉第1卷第二版跋》（1873年1月24日）

见《马克思恩格斯文集》第5卷,人民出版社2009年版,第22页。

事实上,世界体系的每一个思想映象,总是在客观上受到历史状况的限制,在主观上受到得出该思想映象的人的肉体状况和精神状况的限制。

恩格斯:《反杜林论》（1876年9月—1878年6月）

见《马克思恩格斯文集》第9卷,人民出版社2009年版,第40页。

第二章
实践与认识

数和形的概念不是从其他任何地方,而是从现实世界中得来的。……和数的概念一样,形的概念也完全是从外部世界得来的,而不是在头脑中由纯思维产生出来的。必须先存在具有一定形状的物体,把这些形状加以比较,然后才能构成形的概念。

恩格斯:《反杜林论》
(1876年9月—1878年6月)

见《马克思恩格斯文集》第9卷,人民出版社2009年版,第41页。

我们只能在我们时代的条件下去认识,而且这些条件达到什么程度,我们就认识到什么程度。

恩格斯:《自然辩证法》
(1873—1882年)

见《马克思恩格斯文集》第9卷,人民出版社2009年版,第494页。

科学是经验的科学,科学就在于把理性方法运用于感性材料。归纳、分析、比较、观察和实验是理性方法的主要条件。

马克思和恩格斯:《神圣家族》
(1844年9—11月)

见《马克思恩格斯文集》第1卷,人民出版社2009年版,第331页。

科学的产生和发展一开始就是由生产决定的。

恩格斯:《自然辩证法》
（1873—1882 年）

见《马克思恩格斯文集》第 9 卷，人民出版社 2009 年版，第 427 页。

三、理论对实践具有重要作用

批判的武器当然不能代替武器的批判，物质力量只能用物质力量来摧毁；但是理论一经掌握群众，也会变成物质力量。理论只要说服人［ad hominem］，就能掌握群众；而理论只要彻底，就能说服人［ad hominem］。所谓彻底，就是抓住事物的根本。

马克思:《〈黑格尔法哲学批判〉导言》
（1843 年 10 月中—12 月中）

见《马克思恩格斯文集》第 1 卷，人民出版社 2009 年版，第 11 页。

没有革命的理论，就不会有革命的运动。

列宁:《怎么办？》
（1901 年秋—1902 年 2 月）

见《列宁专题文集（论无产阶级政党）》，人民出版社 2009 年版，第 70 页。

没有革命理论，就不会有坚强的社会党，因为革命理论能使一切社会党人团结起来，他们从革命理论中能取得一切信念，他们能运用革命理论来确定斗争方法和活动方式；维护这个具有起码理解力的人都认为是正确的理论，反对毫无根据的攻击，反对败坏这个理论的企图，这决不等于敌视任何批评。

列宁：《我们的纲领》
（不早于1899年10月）

见《列宁专题文集(论马克思主义)》，人民出版社2009年版，第95—96页。

只有以先进理论为指南的党，才能实现先进战士的作用。

列宁：《怎么办？》
（1901年秋—1902年2月）

见《列宁专题文集(论无产阶级政党)》，人民出版社2009年版，第71页。

在我们看来，没有理论，革命派别就会失去生存的权利，而且不可避免地迟早注定要在政治上遭到破产。

列宁：《革命冒险主义》
（1902年8月1日和9月1日[8月14日和9月14日]）

见《列宁全集》第6卷，人民出版社1986年版，第367页。

马克思恩格斯列宁经典论述摘编

理论在一个国家实现的程度，总是取决于理论满足这个国家的需要的程度。

马克思:《〈黑格尔法哲学批判〉导言》
（1843年10月中—12月中）
见《马克思恩格斯文集》第1卷，人民出版社2009年版，第12页。

马克思的历史理论是任何坚定不移和始终一贯的革命策略的基本条件；为了找到这种策略，需要的只是把这一理论应用于本国的经济条件和政治条件。

恩格斯:《致维拉·伊万诺夫娜·查苏利奇》
（1885年4月23日）
见《马克思恩格斯文集》第10卷，人民出版社2009年版，第532页。

我们的理论是发展着的理论，而不是必须背得烂熟并机械地加以重复的教条。

恩格斯:《致弗洛伦斯·凯利-威士涅威茨基》
（1887年1月27日）
见《马克思恩格斯文集》第10卷，人民出版社2009年版，第562页。

第二章
实践与认识

我们决不把马克思的理论看做某种一成不变的和神圣不可侵犯的东西;恰恰相反,我们深信:它只是给一种科学奠定了基础,社会党人如果不愿落后于实际生活,就应当在各方面把这门科学推向前进。

列宁:《我们的纲领》
(不早于1899年10月)
见《列宁专题文集(论马克思主义)》,人民出版社2009年版,第96页。

马克思主义的全部精神,它的整个体系,要求人们对每一个原理都要(α)历史地,(β)都要同其他原理联系起来,(γ)都要同具体的历史经验联系起来加以考察。

列宁:《致伊·费·阿尔曼德》
(1916年11月30日)
见《列宁专题文集(论马克思主义)》,人民出版社2009年版,第163页。

一切抽象真理,如果应用时不加任何分析,都会变成空谈。

列宁:《俄共(布)第七次(紧急)代表大会文献》
(1918年3月)
见《列宁专题文集(论辩证唯物主义和历史唯物主义)》,人民出版社2009年版,第338页。

马克思恩格斯列宁经典论述摘编

四、实践检验真理

真理和谬误,正如一切在两极对立中运动的逻辑范畴一样,只是在非常有限的领域内才具有绝对的意义;……如果我们企图在这一领域之外把这种对立当做绝对有效的东西来应用,那我们就会完全遭到失败;对立的两极都向自己的对立面转化,真理变成谬误,谬误变成真理。

恩格斯:《反杜林论》
(1876年9月—1878年6月)
见《马克思恩格斯文集》第9卷,人民出版社2009年版,第96页。

任何真理,如果把它说得"过火"(如老狄慈根所说的那样),加以夸大,把它运用到实际适用的范围之外,便可以弄到荒谬绝伦的地步,而且在这种情形下,甚至必然会变成荒谬绝伦的东西。

列宁:《共产主义运动中的"左派"幼稚病》
(1920年4—5月)
见《列宁选集》第4卷,人民出版社2012年版,第172页。

只要再多走一小步，看来像是朝同一方向多走了一小步，真理就会变成错误。

> 列宁：《共产主义运动中的"左派"幼稚病》（1920年4—5月）
>
> 见《列宁专题文集（论无产阶级政党）》，人民出版社2009年版，第267页。

在辩证唯物主义看来，相对真理和绝对真理之间没有不可逾越的鸿沟。……我们的知识向客观的、绝对的真理接近的界限是受历史条件制约的，但是这个真理的存在是无条件的，我们向这个真理的接近也是无条件的。

> 列宁：《唯物主义和经验批判主义》（1908年2—10月）
>
> 见《列宁专题文集（论辩证唯物主义和历史唯物主义）》，人民出版社2009年版，第42页。

任何思想体系都是受历史条件制约的，可是，任何科学的思想体系（例如不同于宗教的思想体系）都和客观真理、绝对自然相符合，这是无条件的。

> 列宁：《唯物主义和经验批判主义》（1908年2—10月）
>
> 见《列宁专题文集（论辩证唯物主义和历史唯物主义）》，人民出版社2009年版，第42页。

绝对真理是由发展中的相对真理的总和构成的；相对真理是不依赖于人类而存在的客体的相对正确的反映；这些反映愈来愈正确；每一个科学真理尽管有相对性，其中都含有绝对真理的成分……

列宁：《唯物主义和经验批判主义》（1908年2—10月）

见《列宁专题文集（论辩证唯物主义和历史唯物主义）》，人民出版社2009年版，第102页。

人的思维是否具有客观的［gegenständliche］真理性，这不是一个理论的问题，而是一个实践的问题。人应该在实践中证明自己思维的真理性，即自己思维的现实性和力量，自己思维的此岸性。关于思维——离开实践的思维——的现实性或非现实性的争论，是一个纯粹经院哲学的问题。

马克思：《关于费尔巴哈的提纲》（1845年春）

见《马克思恩格斯文集》第1卷，人民出版社2009年版，第500页。

对这些以及其他一切哲学上的怪论的最令人信服的驳斥是实践，即实验和工业。

恩格斯：《路德维希·费尔巴哈和德国古典哲学的终结》（1886年初）

见《马克思恩格斯文集》第4卷，人民出版社2009年版，第279页。

理论的对立本身的解决，只有通过实践方式，只有借助于人的实践力量，才是可能的；因此，这种对立的解决绝对不只是认识的任务，而是现实生活的任务，而哲学未能解决这个任务，正是因为哲学把这仅仅看做理论的任务。

马克思：《1844年经济学哲学手稿》（1844年4—8月）
见《马克思恩格斯文集》第1卷，人民出版社2009年版，第192页。

物存在于我们之外。我们的知觉和表象是物的映象。实践检验这些映象，区分它们的正确和错误。

列宁：《唯物主义和经验批判主义》（1908年2—10月）
见《列宁全集》第18卷，人民出版社1988年版，第108页。

我们已经看到，马克思在1845年，恩格斯在1888年和1892年，都把实践标准作为唯物主义认识论的基础。

列宁：《唯物主义和经验批判主义》（1908年2—10月）
见《列宁专题文集（论辩证唯物主义和历史唯物主义）》，人民出版社2009年版，第44页。

马克思恩格斯列宁经典论述摘编

马克思和恩格斯都说过,人类的实践证明唯物主义认识论的正确性,并且把那些想离开实践来解决认识论的基本问题的尝试称为"经院哲学"和"哲学怪论"。

列宁:《唯物主义和经验批判主义》(1908年2—10月)

见《列宁专题文集(论辩证唯物主义和历史唯物主义)》,人民出版社2009年版,第46页。

如果我们的实践所证实的是唯一的、最终的、客观的真理,那么,因此就得承认:坚持唯物主义观点的科学的道路是走向这种真理的唯一的道路。

列宁:《唯物主义和经验批判主义》(1908年2—10月)

见《列宁专题文集(论辩证唯物主义和历史唯物主义)》,人民出版社2009年版,第49—50页。

对恩格斯说来,整个活生生的人类实践是深入到认识论本身之中的,它提供真理的客观标准。

列宁:《唯物主义和经验批判主义》(1908年2—10月)

见《列宁专题文集(论辩证唯物主义和历史唯物主义)》,人民出版社2009年版,第90页。

人以自己的实践证明自己的观念、概念、知识、科学的客观正确性。

列宁:《黑格尔〈逻辑学〉一书摘要》(1914年9—12月)

见《列宁全集》第55卷,人民出版社1990年版,第161页。

只有当概念成为在实践意义上的"自为存在"的时候,人的概念才能"最终地"抓住、把握、通晓认识的这个客观真理。也就是说,人的和人类的实践是认识的客观性的验证、标准。

列宁:《哲学笔记》(1895—1916年)

见《列宁专题文集(论辩证唯物主义和历史唯物主义)》,人民出版社2009年版,第138页。

活动的结果是对主观认识的检验和真实存在着的客观性的标准。

列宁:《黑格尔〈逻辑学〉一书摘要》(1914年9—12月)

见《列宁全集》第55卷,人民出版社1990年版,第188页。

马克思恩格斯列宁经典论述摘编

必须把人的全部实践——作为真理的标准，也作为事物同人所需要它的那一点的联系的实际确定者——包括到事物的完整的"定义"中去。

列宁：《再论工会、目前局势及托洛茨基同志和布哈林同志的错误》（1921年1月25日）

见《列宁专题文集（论辩证唯物主义和历史唯物主义）》，人民出版社2009年版，第314页。

第三章　联系、运动与发展

一、唯物辩证法的范畴和规律

二、世界是普遍联系的

三、永恒的运动与发展

四、矛盾是事物发展的动力

五、发展具有内在规律

一、唯物辩证法的范畴和规律

如果不把唯物主义方法当做研究历史的指南，而把它当作现成的公式，按照它来剪裁各种历史事实，那它就会转变为自己的对立物。

恩格斯:《致保尔·恩斯特》（1890年6月5日）
见《马克思恩格斯文集》第10卷，人民出版社2009年版，第583页。

马克思的整个世界观不是教义，而是方法。它提供的不是现成的教条，而是进一步研究的出发点和供这种研究使用的方法。

恩格斯:《致韦尔纳·桑巴特》（1895年3月11日）
见《马克思恩格斯文集》第10卷，人民出版社2009年版，第691页。

实际上，而且对实践的唯物主义者即共产主义者来说，全部问题都在于使现存世界革命化，实际地反对并改变现存的事物。

马克思和恩格斯：《德意志意识形态》（1845年秋—1846年5月）
见《马克思恩格斯文集》第1卷，人民出版社2009年版，第527页。

如果事物的表现形式和事物的本质会直接合而为一，一切科学就都成为多余的了……

马克思：《资本论》第3卷（1894年）
见《马克思恩格斯文集》第7卷，人民出版社2009年版，第925页。

在它们的现实存在中它们的运动的本质是隐蔽的。这种本质只是在思维中、在哲学中才表露、显示出来……

马克思：《1844年经济学哲学手稿》（1844年4—8月）
见《马克思恩格斯文集》第1卷，人民出版社2009年版，第215页。

自然界既是具体的又是抽象的,既是现象又是本质,既是瞬间又是关系。人的概念就其抽象性、分隔性来说是主观的,可是就整体、过程、总和、趋势、来源来说却是客观的。

列宁:《黑格尔〈逻辑学〉一书摘要》(1914年9—12月)

见《列宁全集》第55卷,人民出版社1990年版,第178页。

马克思主义者可能犯的最大的最致命的错误就是把空谈当作事实,把虚假的表面现象当作实质或某种重要的东西。

列宁:《波拿巴主义的开始》(1917年7月29日〔8月11日〕)

见《列宁全集》第32卷,人民出版社1985年版,第45页。

思维的任务现在就是要透过一切迷乱现象探索这一过程的逐步发展的阶段,并且透过一切表面的偶然性揭示这一过程的内在规律性。

恩格斯:《社会主义从空想到科学的发展》(1880年1—3月上半月)

见《马克思恩格斯文集》第3卷,人民出版社2009年版,第542页。

过时的东西总是力图在新生的形式中得到恢复和巩固。

马克思:《致弗里德里希·波尔特》(1871年11月23日)

见《马克思恩格斯文集》第10卷,人民出版社2009年版,第367页。

劳动作为生产劳动的特性只表现一定的社会生产关系。我们在这里指的劳动的这种规定性,不是从劳动的内容或劳动的结果产生的,而是从劳动的一定的社会形式产生的。

马克思:《政治经济学批判(1861—1863年手稿)》(1861年8月—1863年7月)

见《马克思恩格斯文集》第8卷,人民出版社2009年版,第219页。

马克思把存在于事物和关系中的共同内容概括为它们的最一般的思维表现,所以他的抽象只是用思维形式反映出已存在于事物中的内容。

恩格斯:《致卡尔·考茨基》(1884年9月20日)

见《马克思恩格斯文集》第10卷,人民出版社2009年版,第523页。

第三章
联系、运动与发展

我们应当记住，任何人民运动都有千变万化的形式，要不断创造新形式，抛弃旧形式，改变形式或者把新旧形式重新配合。我们的责任就是积极地参加制定斗争方法和斗争手段的过程。

列宁：《革命冒险主义》
（1902年8月1日和9月1日［8月14日和9月14日］）

见《列宁全集》第6卷，人民出版社1986年版，第373页。

只有从这种普遍的相互作用出发，我们才能认识现实的因果关系。为了了解单个的现象，我们必须把它们从普遍的联系中抽出来，孤立地考察它们，而在这里出现的就是不断变换的运动，一个表现为原因，另一个表现为结果。

恩格斯：《自然辩证法》
（1873—1882年）

见《马克思恩格斯文集》第9卷，人民出版社2009年版，第482页。

一种历史因素一旦被其他的、归根到底是经济的原因造成了，它也就起作用，就能够对它的环境，甚至对产生它的原因发生反作用。

恩格斯：《致弗兰茨·梅林》
（1893年7月14日）

见《马克思恩格斯文集》第10卷，人民出版社2009年版，第659页。

马克思恩格斯列宁经典论述摘编

原因和结果这两个概念，只有应用于个别场合时才有其本来的意义；可是，只要我们把这种个别的场合放到它同宇宙的总联系中来考察，这两个概念就交汇起来，原因和结果经常交换位置；在此时或此地是结果，在彼时或彼地就成了原因，反之亦然。

恩格斯：《反杜林论》
（1876年9月—1878年6月）
见《马克思恩格斯文集》第9卷，人民出版社2009年版，第25页。

黑格尔从存在进到本质，进到辩证法。在这里他研究反思的规定，它们的内在的对立和矛盾，例如正和负，然后就进到因果性或原因和结果的关系，并以必然性作结束。

恩格斯：《反杜林论》
（1876年9月—1878年6月）
见《马克思恩格斯文集》第9卷，人民出版社2009年版，第49—50页。

原因和结果只是各种事件的世界性的相互依存、(普遍)联系和相互联结的环节，只是物质发展这一链条上的环节。

列宁：《黑格尔〈逻辑学〉一书摘要》（1914年9—12月）
见《列宁全集》第55卷，人民出版社1990年版，第134页。

第三章
联系、运动与发展

革命是不能按定单制造的,不是预定好在某个时刻发生的,而是在历史发展过程中逐渐成熟起来,并在由一系列错综复杂的内部和外部原因所决定的时刻爆发的。

列宁:《在莫斯科省工厂委员会代表会议上的报告》（1918年7月23日）

见《列宁全集》第34卷,人民出版社1985年版,第500页。

如果"偶然性"不起任何作用的话,那么世界历史就会带有非常神秘的性质。这些偶然性本身自然纳入总的发展过程中,并且为其他偶然性所补偿。但是,发展的加速和延缓在很大程度上是取决于这些"偶然性"的,其中也包括一开始就站在运动最前面的那些人物的性格这样一种"偶然情况"。

马克思:《致路德维希·库格曼》（1871年4月17日）

见《马克思恩格斯文集》第10卷,人民出版社2009年版,第354页。

被断定为必然的东西,是由纯粹的偶然性构成的,而所谓偶然的东西,是一种有必然性隐藏在里面的形式,如此等等。

恩格斯:《路德维希·费尔巴哈和德国古典哲学的终结》（1886年初）

见《马克思恩格斯文集》第4卷,人民出版社2009年版,第299页。

马克思恩格斯列宁经典论述摘编

历史事件似乎总的说来同样是由偶然性支配着的。但是，在表面上是偶然性在起作用的地方，这种偶然性始终是受内部的隐蔽着的规律支配的，而问题只是在于发现这些规律。

恩格斯:《路德维希·费尔巴哈和德国古典哲学的终结》（1886年初）

见《马克思恩格斯文集》第4卷，人民出版社2009年版，第302页。

恰巧某个伟大人物在一定时间出现于某一国家，这当然纯粹是一种偶然现象。但是，如果我们把这个人去掉，那时就会需要有另外一个人来代替他，并且这个代替者是会出现的，不论好一些或差一些，但是最终总是会出现的。

恩格斯:《致瓦尔特·博尔吉乌斯》（1894年1月25日）

见《马克思恩格斯文集》第10卷，人民出版社2009年版，第669页。

在历史的发展中，偶然性发挥着作用，而在辩证的思维中就像在胚胎的发展中一样，这种偶然性融合在必然性中。

恩格斯:《自然辩证法》（1873—1882年）

见《马克思恩格斯文集》第9卷，人民出版社2009年版，第485—486页。

第三章
联系、运动与发展

一个事物、一种关系、一个过程,不是偶然的,就是必然的,但是不能既是偶然的,又是必然的。所以两者是并存于自然界中;自然界包含着各种各样的对象和过程,其中有些是偶然的,另一些是必然的,在这里重要的只是不要把这两类混淆起来。

恩格斯:《自然辩证法》
(1873—1882年)
见《马克思恩格斯文集》第9卷,人民出版社2009年版,第477—478页。

偶然性只是相互依存性的一极,它的另一极叫做必然性。在似乎也是受偶然性支配的自然界中,我们早就证实,在每一个领域内,都有在这种偶然性中去实现自身的内在的必然性和规律性。而适用于自然界的,也适用于社会。

恩格斯:《家庭、私有制和国家的起源》
(1884年3月底—5月底)
见《马克思恩格斯文集》第4卷,人民出版社2009年版,第194页。

在所有这样的社会里,都是那种以偶然性为其补充和表现形式的必然性占统治地位。在这里通过各种偶然性来为自己开辟道路的必然性,归根到底仍然是经济的必然性。

恩格斯:《致瓦尔特·博尔吉乌斯》(1894年1月25日)
见《马克思恩格斯文集》第10卷,人民出版社2009年版,第669页。

承认自然界的必然性，并从其中引出思维的必然性，这是唯物主义。从思维中引出必然性、因果性、规律性等等，这是唯心主义。

列宁:《唯物主义和经验批判主义》（1908年2—10月）

见《列宁专题文集（论辩证唯物主义和历史唯物主义）》，人民出版社2009年版，第72页。

马克思主义者在分析形势时，不应当从可能出发，而应当从现实出发。

列宁:《论策略书》（1917年4月8日和13日〔21日和26日〕之间）

见《列宁专题文集（论马克思主义）》，人民出版社2009年版，第170页。

马克思主义的政策是以现实的东西而不是以可能的东西为依据。一种现象转化为另一种现象是可能的，所以我们的策略不是一成不变的。

列宁:《致伊·费·阿尔曼德》（1916年12月25日）

见《列宁全集》第47卷，人民出版社1990年版，第493页。

辩证法不过是关于自然界、人类社会和思维的运动和发展的普遍规律的科学。

恩格斯:《反杜林论》（1876年9月—1878年6月）

见《马克思恩格斯文集》第9卷，人民出版社2009年版，第149页。

辩证法在考察事物及其在观念上的反映时,本质上是从它们的联系、它们的联结、它们的运动、它们的产生和消逝方面去考察的。

恩格斯:《反杜林论》
(1876年9月—1878年6月)
见《马克思恩格斯文集》第9卷,人民出版社2009年版,第25页。

要精确地描绘宇宙、宇宙的发展和人类的发展,以及这种发展在人们头脑中的反映,就只有用辩证的方法,只有不断地注意生成和消逝之间、前进的变化和后退的变化之间的普遍相互作用才能做到。

恩格斯:《反杜林论》
(1876年9月—1878年6月)
见《马克思恩格斯文集》第9卷,人民出版社2009年版,第26页。

马克思的辩证法,作为关于发展的科学方法的最高成就,恰恰不容许对事物作孤立的即片面的和歪曲的考察。

列宁:《第二国际的破产》
(1915年5—6月)
见《列宁选集》第2卷,人民出版社2012年版,第482页。

现代唯物主义本质上都是辩证的，而且不再需要任何凌驾于其他科学之上的哲学了。

恩格斯：《反杜林论》
（1876年9月—1878年6月）
见《马克思恩格斯文集》第9卷，人民出版社2009年版，第28页。

对于现今的自然科学来说，辩证法恰好是最重要的思维形式，因为只有辩证法才为自然界中出现的发展过程，为各种普遍的联系，为一个研究领域向另一个研究领域过渡提供类比，从而提供说明方法。

恩格斯：《自然辩证法》
（1873—1882年）
见《马克思恩格斯文集》第9卷，人民出版社2009年版，第436页。

我们在这里不打算写辩证法的手册，而只想说明辩证法规律是自然界的实在的发展规律，因而对于理论自然研究也是有效的。

恩格斯：《自然辩证法》
（1873—1882年）
见《马克思恩格斯文集》第9卷，人民出版社2009年版，第464页。

第三章
联系、运动与发展

思维规律和自然规律，只要它们被正确地认识，必然是互相一致的。

恩格斯：《自然辩证法》
（1873—1882年）
见《马克思恩格斯文集》第9卷，人民出版社2009年版，第489页。

辩证法被看做关于一切运动的最普遍的规律的科学。这就是说，辩证法的规律无论对自然界中和人类历史中的运动，还是对思维的运动，都必定是同样适用的。

恩格斯：《自然辩证法》
（1873—1882年）
见《马克思恩格斯文集》第9卷，人民出版社2009年版，第539页。

我们重新唯物地把我们头脑中的概念看做现实事物的反映，而不是把现实事物看作绝对概念的某一阶段的反映。这样，辩证法就归结为关于外部世界和人类思维的运动的一般规律的科学……

恩格斯：《路德维希·费尔巴哈和德国古典哲学的终结》
（1886年初）
见《马克思恩格斯文集》第4卷，人民出版社2009年版，第298页。

二、世界是普遍联系的

关于自然界所有过程都处在一种系统联系中的认识，推动科学到处从个别部分和整体上去证明这种系统联系。

恩格斯:《反杜林论》
（1876年9月—1878年6月）
见《马克思恩格斯文集》第9卷，人民出版社2009年版，第40页。

思维既把相互联系的要素联合为一个统一体，同样也把意识的对象分解为它们的要素。没有分析就没有综合。

恩格斯:《反杜林论》
（1876年9月—1878年6月）
见《马克思恩格斯文集》第9卷，人民出版社2009年版，第45页。

第三章
联系、运动与发展

世界表现为一个统一的体系，即一个有联系的整体，这是显而易见的，但是要认识这个体系，必须先认识整个自然界和历史，这种认识人们永远不会达到。

恩格斯:《反杜林论》
（1876年9月—1878年6月）
见《马克思恩格斯文集》第9卷，人民出版社2009年版，第346页。

在自然界和历史的每一科学领域中，都必须从既有的事实出发，……要从事实中发现这些联系，而且这些联系一经发现，就要尽可能从经验上加以证明。

恩格斯:《自然辩证法》
（1873—1882年）
见《马克思恩格斯文集》第9卷，人民出版社2009年版，第440页。

我们在观察运动着的物质时，首先引起我们注意的是单个物体的单个运动间的相互联系，它们的相互制约。

恩格斯:《自然辩证法》
（1873—1882年）
见《马克思恩格斯文集》第9卷，人民出版社2009年版，第482页。

现在，整个自然界是作为至少在基本上已解释清楚和了解清楚的种种联系和种种过程的体系而展现在我们面前。

恩格斯:《自然辩证法》（1873—1883年、1885—1886年）

见《马克思恩格斯全集》第20卷，人民出版社1971年版，第538页。

由于这三大发现①和自然科学的其他巨大进步，我们现在不仅能够说明自然界中各个领域内的过程之间的联系，而且总的说来也能说明各个领域之间的联系了，这样，我们就能够依靠经验自然科学本身所提供的事实，以近乎系统的形式描绘出一幅自然界联系的清晰图画。

恩格斯:《路德维希·费尔巴哈和德国古典哲学的终结》（1886年初）

见《马克思恩格斯文集》第4卷，人民出版社2009年版，第300页。

我们通常所理解的因果性，只是世界性联系的一个极小部分，然而（唯物主义补充说）这不是主观联系的一小部分，而是客观实在联系的一小部分。

列宁:《黑格尔〈逻辑学〉一书摘要》（1914年9—12月）

见《列宁全集》第55卷，人民出版1990年版，第135页。

---

① 细胞、能量转化和进化论的发现。——本书编者注

第三章
联系、运动与发展

如果从事实的整体上、从它们的联系中去掌握事实，那么，事实不仅是"顽强的东西"，而且是绝对确凿的证据。如果不是从整体上、不是从联系中去掌握事实，如果事实是零碎的和随意挑出来的，那么它们就只能是一种儿戏，或者连儿戏也不如。

列宁：《统计学和社会学》
（1917年1月）

见《列宁全集》第28卷，人民出版社1990年版，第364页。

每个事物（现象等等）的关系不仅是多种多样的，并且是一般的、普遍的。每个事物（现象、过程等等）是和其他的每个事物联系着的。

列宁：《哲学笔记》
（1895—1916年）

见《列宁专题文集（论辩证唯物主义和历史唯物主义）》，人民出版社2009年版，第140页。

个别一定与一般相联而存在。一般只能在个别中存在，只能通过个别而存在。……任何个别经过千万次的过渡而与另一类的个别（事物、现象、过程）相联系，如此等等。

列宁：《谈谈辩证法问题》
（1915年）

见《列宁全集》第55卷，人民出版社1990年版，第307页。

三、永恒的运动与发展

物体只有在运动之中才显示出它是什么。因此,自然科学只有在物体的相互关系之中,在物体的运动之中观察物体,才能认识物体。

恩格斯:《致马克思》
(1873年5月30日)
见《马克思恩格斯选集》第4卷,人民出版社1995年版,第614页。

我们所接触到的整个自然界构成一个体系,即各种物体相联系的总体,……这些物体处于某种联系之中,这就包含了这样的意思:它们是相互作用着的,而它们的相互作用就是运动。

恩格斯:《自然辩证法》
(1873—1882年)
见《马克思恩格斯文集》第9卷,人民出版社2009年版,第514页。

我们不仅发现某一个运动后面跟随着另一个运动,而且我们也发现,只要我们造成某个运动在自然界中发生时所必需的那些条件,我们就能引起这个运动,……因此,由于人的活动,因果观念即一个运动是另一个运动的原因这样一种观念得到确证。

恩格斯:《自然辩证法》（1873—1882年）

见《马克思恩格斯文集》第9卷,人民出版社2009年版,第482页。

在发展进程中,以前一切现实的东西都会成为不现实的,都会丧失自己的必然性、自己存在的权利、自己的合理性;一种新的、富有生命力的现实的东西就会代替正在衰亡的现实的东西——如果旧的东西足够理智,不加抵抗即行死亡,那就和平地代替;如果旧的东西抗拒这种必然性,那就通过暴力来代替。

恩格斯:《路德维希·费尔巴哈和德国古典哲学的终结》（1886年初）

见《马克思恩格斯文集》第4卷,人民出版社2009年版,第269页。

马克思恩格斯列宁经典论述摘编

一切依次更替的历史状态都只是人类社会由低级到高级的无穷发展进程中的暂时阶段。每一个阶段都是必然的，因此，对它发生的那个时代和那些条件说来，都有它存在的理由；但是对它自己内部逐渐发展起来的新的、更高的条件来说，它就变成过时的和没有存在的理由了；它不得不让位于更高的阶段，而这个更高的阶段也要走向衰落和灭亡。

恩格斯:《路德维希·费尔巴哈和德国古典哲学的终结》（1886年初）
见《马克思恩格斯文集》第4卷，人民出版社2009年版，第270页。

一个伟大的基本思想，即认为世界不是既成事物的集合体，而是过程的集合体，其中各个似乎稳定的事物同它们在我们头脑中的思想映象即概念一样都处在生成和灭亡的不断变化中，在这种变化中，尽管有种种表面的偶然性，尽管有种种暂时的倒退，前进的发展终究会实现……

恩格斯:《路德维希·费尔巴哈和德国古典哲学的终结》（1886年初）
见《马克思恩格斯文集》第4卷，人民出版社2009年版，第298页。

辩证法，即最完备最深刻最无片面性的关于发展的学说，这种学说认为反映永恒发展的物质的人类知识是相对的。

列宁:《马克思主义的三个来源和三个组成部分》（1913年3月）

见《列宁专题文集(论马克思主义)》，人民出版社2009年版，第68页。

现在，发展观念，进化观念，几乎完全深入社会的意识，但不是通过黑格尔哲学，而是通过另外的途径。不过，这个观念，按马克思和恩格斯依据黑格尔哲学而作的表述，要比一般流行的进化观念全面得多，丰富得多。

列宁:《卡尔·马克思》（1914年11月）

见《列宁专题文集(论马克思主义)》，人民出版社2009年版，第12页。

不应当把各个阶级和各个国家看做是静态的，而应当看做是动态的，即不应当看做是处于不动的状态，而应当看做是处于运动之中(运动的规律是从每个阶级的存在的经济条件中产生的)。

列宁:《卡尔·马克思》（1914年11月）

见《列宁专题文集(论马克思主义)》，人民出版社2009年版，第33页。

马克思恩格斯列宁经典论述摘编

在这部历史中，每个阶段都有不同的规律，即同一普遍运动的不同的表现形式起支配作用，从而作为始终具有普遍效力的东西留下来的就只有运动了。

恩格斯：《自然辩证法》
（1873—1882年）
见《马克思恩格斯文集》第9卷，人民出版社2009年版，第496页。

每一运动形式都表明能够并且必然转变为其他任何运动形式。……在普遍性方面——在形式上和内容上都同样是普遍的——这个规律已不可能再扩大：它是绝对的自然规律。

恩格斯：《自然辩证法》
（1873—1882年）
见《马克思恩格斯文集》第9卷，人民出版社2009年版，第489页。

四、矛盾是事物发展的动力

两个相互矛盾方面的共存、斗争以及融合成一个新范畴,就是辩证运动。谁要给自己提出消除坏的方面的问题,就是立即切断了辩证运动。

在进行较精确的考察时,我们也发现,某种对立的两极,例如正和负,既是彼此对立的,又是彼此不可分离的,而且不管它们如何对立,它们总是互相渗透的……

马克思:《哲学的贫困》
(1847年上半年)

见《马克思恩格斯文集》第1卷,人民出版社2009年版,第605页。

恩格斯:《反杜林论》
(1876年9月—1878年6月)

见《马克思恩格斯文集》第9卷,人民出版社2009年版,第25页。

马克思恩格斯列宁经典论述摘编

深入人民意识的辩证法有一个古老的命题：两极相联。

恩格斯：《自然辩证法》（1873—1882年）

见《马克思恩格斯文集》第9卷，人民出版社2009年版，第442页。

所有的两极对立，都以对立的两极的相互作用为条件；这两极的分离和对立，只存在于它们的相互依存和联结之中，反过来说，它们的联结，只存在于它们的分离之中，它们的相互依存，只存在于它们的对立之中……

恩格斯：《自然辩证法》（1873—1882年）

见《马克思恩格斯文集》第9卷，人民出版社2009年版，第516页。

同一和差异——必然性和偶然性——原因和结果——这是两个主要的对立，当它们被分开来考察时，都互相转化。

恩格斯：《自然辩证法》（1873—1882年）

见《马克思恩格斯文集》第9卷，人民出版社2009年版，第475页。

第三章
联系、运动与发展

一切运动的基本形式都是接近和分离，收缩和膨胀——一句话，是吸引和排斥这一古老的两极对立。

恩格斯：《自然辩证法》（1873—1882年）

见《马克思恩格斯文集》第9卷，人民出版社2009年版，第515页。

自然界中无生命的物体的相互作用既有和谐也有冲突；有生命的物体的相互作用则既有有意识的和无意识的合作，也有有意识的和无意识的斗争。因此，在自然界中决不允许单单把片面的"斗争"写在旗帜上。

恩格斯：《自然辩证法》（1873—1882年）

见《马克思恩格斯文集》第9卷，人民出版社2009年版，第547—548页。

自然界中物体——不论是死的物体或活的物体——的相互作用中既包含和谐，也包含冲突，既包含斗争，也包含合作。

恩格斯：《致彼得·拉甫罗维奇·拉甫罗夫》（1875年11月12—17日）

见《马克思恩格斯全集》第34卷，人民出版社1972年版，第161页。

对立——如果一个事物包含着对立，那么它就同自身处在矛盾中，而且它在思想中的表现也是如此。例如，一个事物是它自身，同时又在不断变化，它本身含有"不变"和"变"的对立，这就是矛盾。

恩格斯:《〈反杜林论〉的准备材料》（1876—1877年）

见《马克思恩格斯文集》第9卷，人民出版社2009年版，第356页。

运动本身就是矛盾；甚至简单的机械的位移之所以能够实现，也只是因为物体在同一瞬间既在一个地方又在另一个地方，既在同一个地方又不在同一个地方。这种矛盾的连续产生和同时解决正好就是运动。

恩格斯:《反杜林论》
（1876年9月—1878年6月）

见《马克思恩格斯文集》第9卷，人民出版社2009年版，第127页。

世界上一切事物都有两面。

列宁:《俄国社会民主党的土地纲领》
（1902年2—3月上半月）

见《列宁全集》第6卷，人民出版社1986年版，第305页。

第三章
联系、运动与发展

哲学家黑格尔说得对：矛盾推动生活前进，而活的矛盾要比人的理智对它的最初感觉更丰富、更多种多样、更富有内容。

列宁：《致阿·马·高尔基》（1909年11月16日）

见《列宁全集》第45卷，人民出版社1990年版，第285页。

就本来的意义说，辩证法是研究对象的本质自身中的矛盾：不但现象是短暂的、运动的、流逝的、只是被约定的界限所划分的，而且事物的本质也是如此。

列宁：《哲学笔记》（1895—1916年）

见《列宁专题文集（论辩证唯物主义和历史唯物主义）》，人民出版社2009年版，第142页。

对抗和矛盾完全不是一回事。在社会主义下，对抗将会消失，矛盾仍将存在。

列宁：《在尼·布哈林〈过渡时期经济学〉一书上作的批注和评论》（1920年5月）

见《列宁全集》第60卷，人民出版社1990年版，第281—282页。

马克思主义辩证法的基本原理是：自然界和社会中的一切界限都是有条件的和可变动的，没有任何一种现象不能在一定条件下转化为自己的对立面。

列宁：《论尤尼乌斯的小册子》（1916年7月）

见《列宁专题文集（论辩证唯物主义和历史唯物主义）》，人民出版社2009年版，第262页。

可以把辩证法简要地规定为关于对立面的统一的学说。这样就会抓住辩证法的核心,可是这需要说明和发挥。

列宁:《辩证法的要素》
(1914年9—12月)
见《列宁选集》第2卷,人民出版社2012年版,第412页。

辩证法是一种学说,它研究对立面怎样才能够同一,是怎样(怎样成为)同一的——在什么条件下它们是相互转化而同一的,——为什么人的头脑不应该把这些对立面看做僵死的、凝固的东西,而应该看做活生生的、有条件的,活动的、彼此转化的东西。

列宁:《哲学笔记》
(1895—1916年)
见《列宁专题文集(论辩证唯物主义和历史唯物主义)》,人民出版社2009年版,第132页。

要认识在"自己运动"中、自生发展中和蓬勃生活中的世界一切过程,就要把这些过程当做对立面的统一来认识。发展是对立面的"斗争"。

列宁:《哲学笔记》
(1895—1916年)
见《列宁专题文集(论辩证唯物主义和历史唯物主义)》,人民出版社2009年版,第149页。

如果不把不间断的东西割断，不使活生生的东西简单化、粗陋化，不加以划分，不使之僵化，那么我们就不能想象、表达、测量、描述运动。思想对运动的描述，总是粗陋化、僵化。不仅思想是这样，而且感觉也是这样；不仅对运动是这样，而且对任何概念也都是这样。这就是辩证法的实质。对立面的统一、同一这个公式正是表现这个实质。

列宁：《哲学笔记》
（1895—1916年）
见《列宁专题文集（论辩证唯物主义和历史唯物主义）》，人民出版社2009年版，第143页。

具体之所以具体，因为它是许多规定的综合，因而是多样性的统一。因此它在思维中表现为综合的过程，表现为结果，而不是表现为起点，虽然它是现实的起点，因而也是直观和表象的起点。

马克思：《1857—1858年经济学手稿摘选》
见《马克思恩格斯文集》第8卷，人民出版社2009年版，第25页。

如果我不抛弃抽象，甚至不可能从抽象转到抽象的对立面。

马克思和恩格斯：《神圣家族》
（1844年9—11月）
见《马克思恩格斯文集》第1卷，人民出版社2009年版，第277页。

马克思恩格斯列宁经典论述摘编

任何具体的东西、任何具体的某物，都是和其他的一切处于相异的而且常常是矛盾的关系中，因此，它往往既是自身又是他物。

列宁：《哲学笔记》
（1895—1916年）

见《列宁专题文集（论辩证唯物主义和历史唯物主义）》，人民出版社2009年版，第133页。

应当善于把争取民主的斗争和争取社会主义革命的斗争结合起来，并使前者服从于后者。全部困难就在这里，全部实质就在这里。

列宁：《致伊·费·阿尔曼德》
（1916年12月25日）

见《列宁全集》第47卷，人民出版社1990年版，第492页。

大飞跃时代真正应该注意的是：旧事物的碎片极多，并且有时比新事物的幼芽（不是常常可以一眼看到的）的数量积累得更快，这就要求我们善于从发展路线或链条中找出最重要的环节。

列宁：《苏维埃政权的当前任务》
（1918年4月）

见《列宁专题文集（论社会主义）》，人民出版社2009年版，第112页。

政治事态总是非常错综复杂的。它好比一条链子。你要抓住整条链子,就必须抓住主要环节。不能你想抓哪个环节就挑哪个环节。

列宁:《俄共(布)中央委员会政治报告》
(1922年3月27日)
见《列宁专题文集(论社会主义)》,人民出版社2009年版,第338页。

在将来某个特定的时刻应该做些什么,应该马上做些什么,这当然完全取决于人们将不得不在其中活动的那个既定的历史环境。

马克思:《致斐迪南·多梅拉·纽文胡斯》
(1881年2月22日)
见《马克思恩格斯文集》第10卷,人民出版社2009年版,第458页。

正确的理论必须结合具体情况并根据现存条件加以阐明和发挥。

马克思:《致达哥贝尔特·奥本海姆》(大约1842年8月中—9月下半月)
见《马克思恩格斯全集》第47卷,人民出版社2004年版,第35页。

马克思恩格斯列宁经典论述摘编

这些原理的实际运用，正如《宣言》中所说的，随时随地都要以当时的历史条件为转移……

马克思和恩格斯：《〈共产党宣言〉1872年德文版序言》（1872年6月24日）

见《马克思恩格斯文集》第2卷，人民出版社2009年版，第5页。

每个国家社会主义和工人运动的结合，都是历史地形成的，都经过了独特的道路，都是以地点和时间为转移的。

列宁：《我们运动的迫切任务》（1900年11月初）

见《列宁选集》第1卷，人民出版社2012年版，第285页。

具体的政治任务要在具体的环境中提出。一切都是相对的，一切都是流动的，一切都是变化的。

列宁：《社会民主党在民主革命中的两种策略》（1905年6—7月）

见《列宁全集》第11卷，人民出版社1987年版，第69页。

第三章
联系、运动与发展

我们不否认一般的原则，但是我们要求对具体运用这些一般原则的条件进行具体的分析。抽象的真理是没有的，真理总是具体的。

列宁：《立宪民主党人的胜利和工人政党的任务》
（1906年3月24—28日〔4月6—10日〕）
见《列宁专题文集（论辩证唯物主义和历史唯物主义）》，人民出版社2009年版，第338页。

在分析任何一个社会问题时，马克思主义理论的绝对要求，就是要把问题提到一定的历史范围之内；此外，如果谈到某一国家（例如，谈到这个国家的民族纲领），那就要估计到在同一历史时代这个国家不同于其他各国的具体特点。

列宁：《论民族自决权》
（1914年2—5月）
见《列宁专题文集（论马克思主义）》，人民出版社2009年版，第302页。

马克思的辩证法要求对每一特殊的历史情况进行具体的分析。

列宁：《论尤尼乌斯的小册子》
（1916年7月）
见《列宁专题文集（论辩证唯物主义和历史唯物主义）》，人民出版社2009年版，第269页。

马克思恩格斯列宁经典论述摘编

在每一个时期，我们应当善于根据当时形势的特点提出自己的策略和最近的任务。

列宁:《远方来信》
（1917年3月）

见《列宁全集》第29卷，人民出版社1985年版，第44页。

用抽象的东西来偷换具体的东西，这是革命中一个最主要最危险的错误。

列宁:《论口号》
（1917年7月中旬）

见《列宁选集》第3卷，人民出版社2012年版，第92页。

任何一般的历史的理由，如果用在个别场合而不对该场合的条件作专门的分析，都会变成空话。

列宁:《错在哪里？》
（1918年2月23日或24日）

见《列宁全集》第33卷，人民出版社1985年版，第388页。

马克思主义的精髓，马克思主义的活的灵魂：对具体情况作具体分析。

列宁:《共产主义》
（1920年6月12日）

见《列宁专题文集(论马克思主义)》，人民出版社2009年版，第293页。

五、发展具有内在规律

每一种有用物,如铁、纸等等,都可以从质和量两个角度来考察。

> **马克思:《资本论》第1卷(1867年)**
> 见《马克思恩格斯文集》第5卷,人民出版社2009年版,第48页。

量和质。数是我们所知道的最纯粹的量的规定。但是它充满了质的差异。

> **恩格斯:《自然辩证法》(1873—1883年、1885—1886年)**
> 见《马克思恩格斯全集》第20卷,人民出版社1971年版,第602页。

每种变化都是量到质的转化，是物体所固有的或所承受的某种形式的运动的量发生量变的结果。

恩格斯:《自然辩证法》
（1873—1882年）

见《马克思恩格斯文集》第9卷，人民出版社2009年版，第466页。

每一种质都有无限多的量的等级，如色彩的浓淡、软硬、寿命的长短等等，而且它们都是可以量度和可以认识的，即使它们是不同质的。

恩格斯:《自然辩证法》
（1873—1882年）

见《马克思恩格斯文集》第9卷，人民出版社2009年版，第497页。

存在着的不是质，而只是具有质并且具有无限多的质的物。两种不同的物总有某些质（至少在物体性的属性上）是共有的，另一些质在程度上有所不同，还有一些质可能是两种物中的一个所完全没有的。

恩格斯:《自然辩证法》
（1873—1882年）

见《马克思恩格斯文集》第9卷，人民出版社2009年版，第497页。

在自然界中，质的变化——在每一个别场合都是按照各自的严格确定的方式进行的——只有通过物质或运动(所谓能)的量的增加或减少才能发生。

……没有物质或运动的增加或减少，即没有有关物体的量的变化，是不可能改变这个物体的质的。

> 恩格斯：《自然辩证法》
> （1873—1882年）
> 见《马克思恩格斯文集》第9卷，人民出版社2009年版，第464页。

尽管会有种种渐进性，但是从一种运动形式转变到另一种运动形式，总是一种飞跃，一种决定性的转折。

> 恩格斯：《反杜林论》
> （1876年9月—1878年6月）
> 见《马克思恩格斯文集》第9卷，人民出版社2009年版，第71页。

许多人协作，许多力量融合为一个总的力量，用马克思的话来说，就产生"新力量"，这种力量和它的单个力量的总和有本质的差别。

> 恩格斯：《反杜林论》
> （1876年9月—1878年6月）
> 见《马克思恩格斯文集》第9卷，人民出版社2009年版，第133—134页。

马克思恩格斯列宁经典论述摘编

没有飞跃，渐进性就什么也说明不了。

列宁：《黑格尔〈逻辑学〉一书摘要》（1914年9—12月）

见《列宁全集》第55卷，人民出版社1990年版，第103页。

辩证的过渡和非辩证的过渡的区别何在？在于飞跃。在于矛盾性。在于渐进过程的中断。在于存在和非存在的统一（同一）。

列宁：《哲学笔记》
（1895—1916年）

见《列宁专题文集（论辩证唯物主义和历史唯物主义）》，人民出版社2009年版，第144页。

优点如果延续得过了头，表现得不是时候，不是地方，就成了缺点。

列宁：《全俄苏维埃第九次代表大会文献》（1921年12月）

见《列宁全集》第42卷，人民出版社1987年版，第348页。

革命的特点就在于可能而且必然会发生突然的转折、急速的转变、意外的情况和剧烈的爆发。

列宁：《革命的社会民主党的纲领》
（1907年3月4日和25日〔3月17日和4月7日〕）

见《列宁全集》第15卷，人民出版社1988年版，第66页。

第三章
联系、运动与发展

这个正题、这个与自己相对立的思想就会分为两个互相矛盾的思想,即肯定和否定,"是"和"否"。这两个包含在反题中的对抗因素的斗争,形成辩证运动。

马克思:《哲学的贫困》
(1847年上半年)
见《马克思恩格斯文集》第1卷,人民出版社2009年版,第601页。

一切发展,不管其内容如何,都可以看做一系列不同的发展阶段,它们以一个否定另一个的方式彼此联系着。……任何领域的发展不可能不否定自己从前的存在形式。

马克思:《道德化的批判和批判化的道德》
(1847年10月底)
见《马克思恩格斯选集》第1卷,人民出版社1972年版,第169页。

历史常常是跳跃式地和曲折地前进的……

恩格斯:《卡尔·马克思〈政治经济学批判。第一分册〉》
(1859年8月3—15日)
见《马克思恩格斯文集》第2卷,人民出版社2009年版,第603页。

马克思恩格斯列宁经典论述摘编

否定的否定究竟是什么呢？它是自然界、历史和思维的一个极其普遍的、因而极其广泛地起作用的、重要的发展规律；这一规律，正如我们已经看到的，在动物界和植物界中，在地质学、数学、历史和哲学中起着作用……

恩格斯：《反杜林论》
（1876年9月—1878年6月）
见《马克思恩格斯文集》第9卷，人民出版社2009年版，第148页。

在辩证法中，否定不是简单地说不，或宣布某一事物不存在，或用随便一种方法把它毁掉。斯宾诺莎早已说过：Omnis determinatio est negatio，即任何限定或规定同时就是否定。

恩格斯：《反杜林论》
（1876年9月—1878年6月）
见《马克思恩格斯文集》第9卷，人民出版社2009年版，第149页。

否定的方式在这里首先取决于过程的一般性质，其次取决于过程的特殊性质。……因此，每一种事物都有它的特殊的否定方式，经过这样的否定，它同时就获得发展，每一种观念和概念也是如此。

恩格斯：《反杜林论》
（1876年9月—1878年6月）
见《马克思恩格斯文集》第9卷，人民出版社2009年版，第149页。

人们远在知道什么是辩证法以前,就已经辩证地思考了,正像人们远在散文这一名词出现以前,就已经用散文讲话一样。否定的否定这个规律在自然界和历史中起着作用,而在它被认识以前,它也在我们头脑中不自觉地起着作用,它只是被黑格尔第一次明确地表述出来而已。

恩格斯:《反杜林论》
(1876年9月—1878年6月)
见《马克思恩格斯文集》第9卷,人民出版社2009年版,第150页。

在这里只要借助于辩证法简单地说明生和死的本性,就足以破除自古以来的迷信。生就意味着死。

恩格斯:《自然辩证法》
(1873—1882年)
见《马克思恩格斯文集》第9卷,人民出版社2009年版,第546页。

发展确实是按着辩证的道路,矛盾的道路行进的:少数变成多数,多数变成少数;各方时而转守为攻,时而转攻为守……

列宁:《进一步,退两步》
(1904年2—5月)
见《列宁专题文集(论无产阶级政党)》,人民出版社2009年版,第155页。

马克思恩格斯列宁经典论述摘编

辩证法的特征的和本质的东西不是单纯的否定,不是徒然的否定,不是怀疑的否定、动摇、疑惑,……而是作为联系环节、作为发展环节的否定,它保持着肯定的东西,即没有任何动摇,没有任何折中。

列宁:《哲学笔记》（1895—1916 年）

见《列宁专题文集（论辩证唯物主义和历史唯物主义）》,人民出版社2009年版,第141页。

辩证法的要素……在高级阶段重复低级阶段的某些特征、特性等等,并且仿佛是向旧东西的复归（否定的否定）。

列宁:《黑格尔〈逻辑学〉一书摘要》（1914 年 9—12 月）

见《列宁全集》第55卷,人民出版社1990年版,第190—191页。

历史通常都是循着曲折的道路发展的,马克思主义者必须善于重视历史的极其复杂奇特的曲折道路,这是无可争辩的。

列宁:《反对抵制》（1907 年 6 月 26 日〔7 月 9 日〕）

见《列宁专题文集（论马克思主义）》,人民出版社2009年版,第138页。

马克思主义对历史的曲折道路的态度，实际上同它对妥协的态度是一样的。历史的任何曲折转变都是妥协，是已经没有足够的力量彻底否定新事物的旧事物同还没有足够的力量彻底推翻旧事物的新事物之间的妥协。马克思主义并不拒绝妥协，马克思主义认为必须利用妥协，但这决不排斥马克思主义作为活跃的经常起作用的历史力量去全力进行反对妥协的斗争。谁弄不明白这个似乎矛盾的道理，那他就是对马克思主义一窍不通。

列宁：《反对抵制》（1907年6月26日〔7月9日〕）

见《列宁专题文集（论马克思主义）》，人民出版社2009年版，第138页。

发展似乎是在重复以往的阶段，但它是以另一种方式重复，是在更高的基础上重复（"否定的否定"），发展是按所谓螺旋式，而不是按直线式进行的……

列宁：《卡尔·马克思》（1914年11月）

见《列宁专题文集（论马克思主义）》，人民出版社2009年版，第12页。

设想世界历史会一帆风顺、按部就班地向前发展，不会有时出现大幅度的跃退，那是不辩证的，不科学的，在理论上是不正确的。

列宁：《论尤尼乌斯的小册子》
（1916年7月）

见《列宁专题文集（论辩证唯物主义和历史唯物主义）》，人民出版社2009年版，第263页。

在科学上没有平坦的大道，只有不畏劳苦沿着陡峭山路攀登的人，才有希望达到光辉的顶点。

马克思：《〈资本论〉第1卷法文版序言和跋》
（1872年3月18日）

见《马克思恩格斯文集》第5卷，人民出版社2009年版，第24页。

一切东西都有好的一面和坏的一面，重要的是，好的一面应当吸收，而坏的一面则应抛弃。

恩格斯：《流亡者文献》
（1874年5月中—1875年4月）

见《马克思恩格斯文集》第3卷，人民出版社2009年版，第366页。

第三章
联系、运动与发展

由于每件事物,每个人,每种理论都有这种好的一面和坏的一面,因此从这种意义上说,每件事物,每个人,每种理论差不多既是好的,又是坏的,就像任何别的东西一样,因而从这个观点看来,着急去肯定或否定这一事物或那一事物是蠢举。

恩格斯:《流亡者文献》（1874年5月中—1875年4月）
见《马克思恩格斯文集》第3卷,人民出版社2009年版,第366—367页。

第四章　人、自然与社会

一、劳动创造了人

二、人的属性

三、自然界的存在方式

四、社会的形成及发展

五、社会结构形态

六、社会交往及关系

七、社会意识

八、社会形态的不断演进

一、劳动创造了人

人创造环境，同样，环境也创造人。

马克思和恩格斯:《德意志意识形态》
（1845年秋—1846年5月）

见《马克思恩格斯文集》第1卷，人民出版社2009年版，第545页。

劳动是整个人类生活的第一个基本条件，而且达到这样的程度，以致我们在某种意义上不得不说：劳动创造了人本身。

恩格斯:《自然辩证法》
（1873—1882年）

见《马克思恩格斯文集》第9卷，人民出版社2009年版，第550页。

首先是劳动，然后是语言和劳动一起，成了两个最主要的推动力，……随着脑的进一步的发育，脑的最密切的工具，即感觉器官，也进一步发育起来。

恩格斯:《自然辩证法》
（1873—1882年）

见《马克思恩格斯文集》第9卷，人民出版社2009年版，第554页。

由于手、说话器官和脑不仅在每个人身上,而且在社会中发生共同作用,人才有能力完成越来越复杂的动作,提出并达到越来越高的目的。劳动本身经过一代又一代变得更加不同、更加完善和更加多方面了。

恩格斯:《自然辩证法》
(1873—1882年)

见《马克思恩格斯文集》第9卷,人民出版社2009年版,第557页。

劳动这种生命活动、这种生产生活本身对人来说不过是满足一种需要即维持肉体生存的需要的一种手段。

马克思:《1844年经济学哲学手稿》(1844年4—8月)

见《马克思恩格斯文集》第1卷,人民出版社2009年版,第162页。

任何一个民族,如果停止劳动,不用说一年,就是几个星期,也要灭亡,这是每一个小孩子都知道的。

马克思:《致路德维希·库格曼》
(1868年7月11日)

见《马克思恩格斯文集》第10卷,人民出版社2009年版,第289页。

第四章
人、自然与社会

农业劳动是其他一切劳动得以独立存在的自然基础和前提。

马克思:《剩余价值理论》（1862年春—1862年底）

见《马克思恩格斯全集》第33卷，人民出版社2004年版，第27页。

［提高劳动生产力的］主要形式是：协作、分工和机器或科学的力量的应用等等。

马克思:《经济学手稿》（1861—1863年）

见《马克思恩格斯全集》第47卷，人民出版社1979年版，第290页。

劳动生产力越高，消耗在一定量产品上的劳动就越少，因而产品的价值也越小。劳动生产力越低，消耗在同量产品上的劳动就越多，因而产品的价值也越高。因此，作为一般的规律，我们可以这样说：商品的价值与生产这些商品所耗费的劳动时间成正比，而与所耗费的劳动的生产力成反比。

马克思:《工资、价格和利润》（1865年5月20日—6月24日之间）

见《马克思恩格斯文集》第3卷，人民出版社2009年版，第51页。

劳动生产力是由多种情况决定的，其中包括：工人的平均熟练程度，科学的发展水平和它在工艺上应用的程度，生产过程的社会结合，生产资料的规模和效能，以及自然条件。

马克思：《资本论》第1卷（1867年）

见《马克思恩格斯文集》第5卷，人民出版社2009年版，第53页。

劳动过程的所有这三个要素：过程的主体即劳动，劳动的要素即作为劳动作用对象的劳动材料和劳动借以作用的劳动资料，共同组成一个中性结果——产品。

马克思：《经济学手稿》（1861—1863年）

见《马克思恩格斯全集》第47卷，人民出版社1979年版，第60页。

劳动过程的简单要素是：有目的的活动或劳动本身，劳动对象和劳动资料。

马克思：《资本论》第1卷（1867年）

见《马克思恩格斯文集》第5卷，人民出版社2009年版，第208页。

二、人的属性

在革命活动中，在改造环境的同时也改变着自己。

马克思和恩格斯：《德意志意识形态》
（1845年秋—1846年5月）
见《马克思恩格斯全集》第3卷，人民出版社1960年版，第234页。

世界不会满足人，人决心以自己的行动来改变世界。

列宁：《哲学笔记》
（1895—1916年）
见《列宁专题文集（论辩证唯物主义和历史唯物主义）》，人民出版社2009年版，第138页。

主体是人，客体是自然……

马克思：《1857—1858年经济学手稿摘选》
见《马克思恩格斯文集》第8卷，人民出版社2009年版，第9页。

马克思恩格斯列宁经典论述摘编

并不是"历史"把人当做手段来达到自己——仿佛历史是一个独具魅力的人——的目的。历史不过是追求着自己目的的人的活动而已。

马克思和恩格斯:《神圣家族》（1844年9—11月）

见《马克思恩格斯文集》第1卷，人民出版社2009年版，第295页。

人本身是他自己的物质生产的基础，也是他进行的其他各种生产的基础。

马克思:《剩余价值理论》（1862年春—1862年底）

见《马克思恩格斯全集》第33卷，人民出版社2004年版，第350页。

我们的出发点是从事实际活动的人，……后一种符合现实生活的考察方法则从现实的、有生命的个人本身出发，把意识仅仅看做是他们的意识。

马克思和恩格斯:《德意志意识形态》（1845年秋—1846年5月）

见《马克思恩格斯文集》第1卷，人民出版社2009年版，第525页。

他们的需要即他们的本性……

马克思和恩格斯:《德意志意识形态》（1845年秋—1846年5月）

见《马克思恩格斯全集》第3卷，人民出版社1960年版，第514页。

第四章
人、自然与社会

人以其需要的无限性和广泛性区别于其他一切动物……

马克思：《资本论》第 1 卷（1867 年）

见《马克思恩格斯全集》第 49 卷，人民出版社 1982 年版，第 130 页。

说人是肉体的、有自然力的、有生命的、现实的、感性的、对象性的存在物，这就等于说，人有现实的、感性的对象作为自己本质的即自己生命表现的对象；或者说，人只有凭借现实的、感性的对象才能表现自己的生命。

马克思：《1844 年经济学哲学手稿》（1844 年 4—8 月）

见《马克思恩格斯文集》第 1 卷，人民出版社 2009 年版，第 209—210 页。

如果在考察家庭、市民社会、国家等等时把人的存在的这些社会形式看做人的本质的实现，看做人的本质的客体化，那末家庭等等就是主体内部所固有的质。人永远是这一切社会组织的本质，但是这些组织也表现为人的现实普遍性，因而也就是一切人所共有的。

马克思：《黑格尔法哲学批判》（1843 年夏天）

见《马克思恩格斯全集》第 1 卷，人民出版社 1956 年版，第 293 页。

马克思恩格斯列宁经典论述摘编

只有在社会中,自然界才是人自己的合乎人性的存在的基础,才是人的现实的生活要素。只有在社会中,人的自然的存在对他来说才是人的合乎人性的存在,并且自然界对他来说才成为人。

马克思:《1844年经济学哲学手稿》(1844年4—8月)
见《马克思恩格斯文集》第1卷,人民出版社2009年版,第187页。

既然人天生就是社会的,那他就只能在社会中发展自己的真正的天性;不应当根据单个个人的力量,而应当根据社会的力量来衡量人的天性的力量。

马克思和恩格斯:《神圣家族》(1844年9—11月)
见《马克思恩格斯文集》第1卷,人民出版社2009年版,第335页。

工人比起资产阶级来,说的是另一种方言,有不同的思想和观念,不同的习俗和道德原则,不同的宗教和政治。这是两种完全不同的人,他们彼此是这样地不同,好像他们属于不同的种族。

恩格斯:《英国工人阶级状况》(1844年9月—1845年3月)
见《马克思恩格斯文集》第1卷,人民出版社2009年版,第437—438页。

个人隶属于一定阶级这一现象，在那个除了反对统治阶级以外不需要维护任何特殊的阶级利益的阶级形成之前，是不可能消灭的。

马克思和恩格斯：《德意志意识形态》（1845年秋—1846年5月）
见《马克思恩格斯文集》第1卷，人民出版社2009年版，第570页。

在分工的范围内，私人关系必然地、不可避免地会发展为阶级关系，并作为这样的关系固定下来……

马克思和恩格斯：《德意志意识形态》（1845年秋—1846年5月）
见《马克思恩格斯全集》第3卷，人民出版社1960年版，第513页。

人是能思想的存在物……

马克思：《摘自"德法年鉴"的书信》（1843年5月）
见《马克思恩格斯全集》第1卷，人民出版社1956年版，第409页。

整个历史也无非是人类本性的不断改变而已。

马克思：《哲学的贫困》（1847年上半年）
见《马克思恩格斯文集》第1卷，人民出版社2009年版，第632页。

马克思恩格斯列宁经典论述摘编

一切知性活动，即归纳、演绎，从而还有抽象……是我们和动物所共有的。……辩证的思维——正因为它是以概念本身的本性的研究为前提——只对于人才是可能的，并且只对于已处于较高发展阶段上的人（佛教徒和希腊人）才是可能的，而其充分的发展还要晚得多，通过现代哲学才达到。

恩格斯:《自然辩证法》（1873—1882年）

见《马克思恩格斯文集》第9卷，人民出版社2009年版，第485页。

因为人的本质是人的真正的社会联系，所以人在积极实现自己本质的过程中创造、生产人的社会联系、社会本质，而社会本质不是一种同单个人相对立的抽象的一般的力量，而是每一个单个人的本质，是他自己的活动，他自己的生活，他自己的享受，他自己的财富。

马克思:《詹姆斯·穆勒〈政治经济学原理〉一书摘要》（1844年上半年）

见《马克思恩格斯全集》第42卷，人民出版社1979年版，第24页。

一切人所共有的关系在这里成了"人的本质"的产物、人的本性的产物,而实际上,这些关系像对于平等的意识一样是历史的产物。

马克思和恩格斯:《德意志意识形态》
(1845年秋—1846年5月)
见《马克思恩格斯全集》第3卷,人民出版社1960年版,第566页。

三、自然界的存在方式

▼

运动是物质的存在方式。无论何时何地,都没有也不可能有没有运动的物质。……没有运动的物质和没有物质的运动一样,是不可想象的。因此,运动和物质本身一样,是既不能创造也不能消灭的……

恩格斯:《反杜林论》
(1876年9月—1878年6月)
见《马克思恩格斯文集》第9卷,人民出版社2009年版,第64页。

一切存在的基本形式是空间和时间,时间以外的存在像空间以外的存在一样,是非常荒诞的事情。

恩格斯:《反杜林论》
(1876年9月—1878年6月)
见《马克思恩格斯文集》第9卷,人民出版社2009年版,第56页。

同前一世纪比较起来，唯物主义自然观现在已建立在完全不同的牢固的基础上了。……现在，整个自然界是作为至少在大的基本点上已得到解释和理解的种种联系和种种过程的体系而展现在我们面前。

恩格斯:《自然辩证法》（1873—1882年）

见《马克思恩格斯文集》第9卷，人民出版社2009年版，第458页。

自然界中的普遍性的形式就是规律，而关于自然规律的永恒性，谁也没有自然科学家谈得多。

恩格斯:《自然辩证法》（1873—1882年）

见《马克思恩格斯文集》第9卷，人民出版社2009年版，第499页。

社会是人同自然界的完成了的本质的统一，是自然界的真正复活，是人的实现了的自然主义和自然界的实现了的人道主义。

马克思:《1844年经济学哲学手稿》（1844年4—8月）

见《马克思恩格斯文集》第1卷，人民出版社2009年版，第187页。

我们决不像征服者统治异族人那样支配自然界，决不像站在自然界之外的人似的去支配自然界——相反，我们连同我们的肉、血和头脑都是属于自然界和存在于自然界之中的；我们对自然界的整个支配作用，就在于我们比其他一切生物强，能够认识和正确运用自然规律。

事实上，我们一天天地学会更正确地理解自然规律，学会认识我们对自然界习常过程的干预所造成的较近或较远的后果。

恩格斯：《自然辩证法》（1873—1882年）

见《马克思恩格斯文集》第9卷，人民出版社2009年版，第560页。

人们在生产中不仅仅影响自然界，而且也互相影响。他们只有以一定的方式共同活动和互相交换其活动，才能进行生产。

马克思：《雇佣劳动与资本》（1847年12月下半月）

见《马克思恩格斯文集》第1卷，人民出版社2009年版，第724页。

马克思恩格斯列宁经典论述摘编

四、社会的形成及发展

唯物主义历史观从下述原理出发：生产以及随生产而来的产品交换是一切社会制度的基础；在每个历史地出现的社会中，产品分配以及和它相伴随的社会之划分为阶级或等级，是由生产什么、怎样生产以及怎样交换产品来决定的。所以，一切社会变迁和政治变革的终极原因，不应当到人们的头脑中，到人们对永恒的真理和正义的日益增进的认识中去寻找，而应当到生产方式和交换方式的变更中去寻找；不应当到有关时代的哲学中去寻找，而应当到有关时代的经济中去寻找。

恩格斯：《反杜林论》
（1876年9月—1878年6月）
见《马克思恩格斯文集》第9卷，人民出版社2009年版，第283—284页。

……根据唯物史观，历史过程中的决定性因素归根到底是现实生活的生产和再生产。无论马克思或我都从来没有肯定过比这更多的东西。

恩格斯：《致约瑟夫·布洛赫》（1890年9月21—22日）

见《马克思恩格斯文集》第10卷，人民出版社2009年版，第591页。

社会——不管其形式如何——是什么呢？是人们交互活动的产物。人们能否自由选择某一社会形式呢？决不能。在人们的生产力发展的一定状况下，就会有一定的交换［commerce］和消费形式。在生产、交换和消费发展的一定阶段上，就会有相应的社会制度形式、相应的家庭、等级或阶级组织，一句话，就会有相应的市民社会。

马克思：《致帕维尔·瓦西里耶维奇·安年科夫》（1846年12月28日）

见《马克思恩格斯文集》第10卷，人民出版社2009年版，第42—43页。

人们不能自由选择自己的生产力——这是他们的全部历史的基础，因为任何生产力都是一种既得的力量，是以往的活动的产物。

马克思：《致帕维尔·瓦西里耶维奇·安年科夫》（1846年12月28日）

见《马克思恩格斯文集》第10卷，人民出版社2009年版，第43页。

马克思恩格斯列宁经典论述摘编

各个人借以进行生产的社会关系,即社会生产关系,是随着物质生产资料、生产力的变化和发展而变化和改变的。生产关系总合起来就构成所谓社会关系,构成所谓社会,并且是构成一个处于一定历史发展阶段上的社会,具有独特的特征的社会。

马克思:《雇佣劳动与资本》（1847年12月下半月）
见《马克思恩格斯文集》第1卷,人民出版社2009年版,第724页。

从资本主义生产方式产生的资本主义占有方式,从而资本主义的私有制,是对个人的、以自己劳动为基础的私有制的第一个否定。但资本主义生产由于自然过程的必然性,造成了对自身的否定。这是否定的否定。这种否定不是重新建立私有制,而是在资本主义时代的成就的基础上,也就是说,在协作和对土地及靠劳动本身生产的生产资料的共同占有的基础上,重新建立个人所有制。

马克思:《资本论》第1卷（1867年）
见《马克思恩格斯文集》第5卷,人民出版社2009年版,第874页。

第四章
人、自然与社会

一个新的社会制度是可能实现的,在这个制度之下,当代的阶级差别将消失;而且在这个制度之下——也许在经过一个短暂的、有些艰苦的、但无论如何在道义上很有益的过渡时期以后——,通过有计划地利用和进一步发展一切社会成员的现有的巨大生产力,在人人都必须劳动的条件下,人人也都将同等地、愈益丰富地得到生活资料、享受资料、发展和表现一切体力和智力所需的资料。

恩格斯:《〈雇佣劳动与资本〉1891年单行本导言》(1891年4月30日)

见《马克思恩格斯文集》第1卷,人民出版社2009年版,第709—710页。

一切重要历史事件的终极原因和伟大动力是社会的经济发展,是生产方式和交换方式的改变,是由此产生的社会之划分为不同的阶级,是这些阶级彼此之间的斗争。

恩格斯:《〈社会主义从空想到科学的发展〉1892年英文版导言》(1892年4月20日)

见《马克思恩格斯文集》第3卷,人民出版社2009年版,第509页。

马克思恩格斯列宁经典论述摘编

生产方式既表现为个人之间的相互关系，又表现为他们对无机自然的一定的能动的关系，表现为一定的劳动方式……

马克思：《政治经济学批判（1857—1858年手稿）》（1857年底—1858年5月）

见《马克思恩格斯文集》第8卷，人民出版社2009年版，第146页。

人们所达到的生产力的总和决定着社会状况，因而，始终必须把"人类的历史"同工业和交换的历史联系起来研究和探讨。

马克思和恩格斯：《德意志意识形态》（1845年秋—1846年5月）

见《马克思恩格斯文集》第1卷，人民出版社2009年版，第533页。

如果整个过程从其结果的角度，从产品的角度加以考察，那么劳动资料和劳动对象二者表现为生产资料，劳动本身则表现为生产劳动。

马克思：《资本论》第1卷（1867年）

见《马克思恩格斯文集》第5卷，人民出版社2009年版，第211页。

分配关系本身是由生产关系产生的，并且是从另一个角度表现的生产关系本身。

马克思：《政治经济学批判（1857—1858年手稿）》（1857年底—1858年5月）

见《马克思恩格斯全集》第31卷，人民出版社1998年版，第160页。

社会的物质生产力发展到一定阶段，便同它们一直在其中运动的现存生产关系或财产关系（这只是生产关系的法律用语）发生矛盾。于是这些关系便由生产力的发展形式变成生产力的桎梏。那时社会革命的时代就到来了。

马克思：《〈政治经济学批判〉序言》（1859年1月）

见《马克思恩格斯文集》第2卷，人民出版社2009年版，第591—592页。

分配并不仅仅是生产和交换的消极的产物；它反过来也影响生产和交换。

恩格斯：《反杜林论》（1876年9月—1878年6月）

见《马克思恩格斯文集》第9卷，人民出版社2009年版，第155页。

生产资料的扩张力撑破了资本主义生产方式所加给它的桎梏。把生产资料从这种桎梏下解放出来,是生产力不断地加速发展的唯一先决条件,因而也是生产本身实际上无限增长的唯一先决条件。

恩格斯:《反杜林论》（1876年9月—1878年6月）

见《马克思恩格斯文集》第9卷,人民出版社2009年版,第299页。

五、社会结构形态

人们在自己生活的社会生产中发生一定的、必然的、不以他们的意志为转移的关系,即同他们的物质生产力的一定发展阶段相适合的生产关系。这些生产关系的总和构成社会的经济结构,即有法律的和政治的上层建筑竖立其上并有一定的社会意识形式与之相适应的现实基础。

马克思:《〈政治经济学批判〉序言》（1859年1月）

见《马克思恩格斯文集》第2卷,人民出版社2009年版,第591页。

第四章
人、自然与社会

以往的全部历史，除原始状态外，都是阶级斗争的历史；这些互相斗争的社会阶级在任何时候都是生产关系和交换关系的产物，一句话，都是自己时代的经济关系的产物；因而每一时代的社会经济结构形成现实基础，每一个历史时期的由法的设施和政治设施以及宗教的、哲学的和其他的观念形式所构成的全部上层建筑，归根到底都应由这个基础来说明。

恩格斯：《社会主义从空想到科学的发展》
（1880年1—3月上半月）
见《马克思恩格斯文集》第3卷，人民出版社2009年版，第544页。

在不同的财产形式上，在社会生存条件上，耸立着由各种不同的、表现独特的情感、幻想、思想方式和人生观构成的整个上层建筑。整个阶级在其物质条件和相应的社会关系的基础上创造和构成这一切。通过传统和教育承受了这些情感和观点的个人，会以为这些情感和观点就是他的行为的真实动机和出发点。

马克思：《路易·波拿巴的雾月十八日》（1851年12月中—1852年3月25日）
见《马克思恩格斯文集》第2卷，人民出版社2009年版，第498页。

马克思恩格斯列宁经典论述摘编

每一历史时代主要的经济生产方式和交换方式以及必然由此产生的社会结构,是该时代政治的和精神的历史所赖以确立的基础,并且只有从这一基础出发,这一历史才能得到说明……

恩格斯:《〈共产党宣言〉1888年英文版序言》
(1888年1月30日)
见《马克思恩格斯文集》第2卷,人民出版社2009年版,第14页。

总的说来,经济运动会为自己开辟道路,但是它也必定要经受它自己所确立的并且具有相对独立性的政治运动的反作用,即国家权力的以及和它同时产生的反对派的运动的反作用。

恩格斯:《致康拉德·施米特》
(1890年10月27日)
见《马克思恩格斯文集》第10卷,人民出版社2009年版,第597页。

不论生产的社会的形式如何,劳动者和生产资料始终是生产的因素。但是,二者在彼此分离的情况下只在可能性上是生产因素。凡要进行生产,它们就必须结合起来。

马克思:《资本论》第2卷
(1885年)
见《马克思恩格斯文集》第6卷,人民出版社2009年版,第44页。

在一切生产工具中，最强大的一种生产力是革命阶级本身。

马克思：《哲学的贫困》（1847年上半年）

见《马克思恩格斯文集》第1卷，人民出版社2009年版，第655页。

科学在直接生产上的应用本身就成为对科学具有决定性的和推动作用的着眼点。

马克思：《政治经济学批判（1857—1858年手稿）》（1857年底—1858年5月）

见《马克思恩格斯文集》第8卷，人民出版社2009年版，第195页。

随着大工业的发展，现实财富的创造较少地取决于劳动时间和已耗费的劳动量，较多地取决于在劳动时间内所运用的作用物的力量，而这种作用物自身——它们的巨大效率——又和生产它们所花费的直接劳动时间不成比例，而是取决于科学的一般水平和技术进步，或者说取决于这种科学在生产上的应用。

马克思：《政治经济学批判（1857—1858年手稿）》（1857年底—1858年5月）

见《马克思恩格斯文集》第8卷，人民出版社2009年版，第195—196页。

许多人在同一生产过程中，或在不同的但互相联系的生产过程中，有计划地一起协同劳动，这种劳动形式叫做协作。

马克思：《资本论》第1卷（1867年）

见《马克思恩格斯文集》第5卷，人民出版社2009年版，第378页。

每一个社会中的生产关系都形成一个统一的整体。

马克思：《哲学的贫困》（1847年上半年）

见《马克思恩格斯文集》第1卷，人民出版社2009年版，第603页。

凡是社会上一部分人享有生产资料垄断权的地方，劳动者，无论是自由的或不自由的，都必须在维持自身生活所必需的劳动时间以外，追加超额的劳动时间来为生产资料的所有者生产生活资料……

马克思：《资本论》第1卷（1867年）

见《马克思恩格斯文集》第5卷，人民出版社2009年版，第272页。

一定的分配形式是以生产条件的一定的社会性质和生产当事人之间的一定的社会关系为前提的。因此，一定的分配关系只是历史地规定的生产关系的表现。

> 马克思：《资本论》第3卷（1894年）
> 见《马克思恩格斯文集》第7卷，人民出版社2009年版，第998页。

所谓的分配关系，是同生产过程的历史地规定的特殊社会形式，以及人们在他们的人类生活的再生产过程中相互所处的关系相适应的，并且是由这些形式和关系产生的。这些分配关系的历史性质就是生产关系的历史性质，分配关系不过表现生产关系的一个方面。

> 马克思：《资本论》第3卷（1894年）
> 见《马克思恩格斯文集》第7卷，人民出版社2009年版，第999—1000页。

因此，我们称为资本主义生产的是这样一种社会生产方式，在这种生产方式下，生产过程从属于资本，或者说，这种生产方式以资本和雇佣劳动的关系为基础，而且这种关系是起决定作用的、占支配地位的生产方式。

> 马克思：《经济学手稿》（1861—1863年）
> 见《马克思恩格斯全集》第47卷，人民出版社1979年版，第151页。

社会关系和生产力密切相联。随着新生产力的获得,人们改变自己的生产方式,随着生产方式即谋生的方式的改变,人们也就会改变自己的一切社会关系。手推磨产生的是封建主的社会,蒸汽磨产生的是工业资本家的社会。

马克思:《哲学的贫困》
(1847年上半年)

见《马克思恩格斯文集》第1卷,人民出版社2009年版,第602页。

社会制度中的任何变化,所有制关系中的每一次变革,都是产生了同旧的所有制关系不再相适应的新的生产力的必然结果。

恩格斯:《共产主义原理》
(1847年10月底—11月)

见《马克思恩格斯文集》第1卷,人民出版社2009年版,第684页。

生产关系总合起来就构成所谓社会关系,构成所谓社会,并且是构成一个处于一定历史发展阶段上的社会,具有独特的特征的社会。古典古代社会、封建社会和资产阶级社会都是这样的生产关系的总和,而其中每一个生产关系的总和同时又标志着人类历史发展中的一个特殊阶段。

马克思:《雇佣劳动与资本》
(1847年12月下半月)

见《马克思恩格斯文集》第1卷,人民出版社2009年版,第724页。

首先应当避免重新把"社会"当做抽象的东西同个体对立起来。个体是社会存在物。

马克思:《1844年经济学哲学手稿》(1844年4—8月)
见《马克思恩格斯文集》第1卷,人民出版社2009年版,第188页。

正像社会本身生产作为人的人一样,社会也是由人生产的。

马克思:《1844年经济学哲学手稿》(1844年4—8月)
见《马克思恩格斯文集》第1卷,人民出版社2009年版,第187页。

以一定的方式进行生产活动的一定的个人,发生一定的社会关系和政治关系。……社会结构和国家总是从一定的个人的生活过程中产生的。

马克思和恩格斯:《德意志意识形态》(1845年秋—1846年5月)
见《马克思恩格斯文集》第1卷,人民出版社2009年版,第523—524页。

六、社会交往及关系

从前各个人联合而成的虚假的共同体，总是相对于各个人而独立的；由于这种共同体是一个阶级反对另一个阶级的联合，因此对于被统治的阶级来说，它不仅是完全虚幻的共同体，而且是新的桎梏。在真正的共同体的条件下，各个人在自己的联合中并通过这种联合获得自己的自由。

马克思和恩格斯：《德意志意识形态》（1845年秋—1846年5月）
见《马克思恩格斯文集》第1卷，人民出版社2009年版，第571页。

人们在自己生活的社会生产中发生一定的、必然的、不以他们的意志为转移的关系，即同他们的物质生产力的一定发展阶段相适合的生产关系。

马克思：《〈政治经济学批判〉序言》（1859年1月）
见《马克思恩格斯文集》第2卷，人民出版社2009年版，第591页。

政治经济学本质上是一门历史的科学。它所涉及的是历史性的即经常变化的材料;它首先研究生产和交换的每个个别发展阶段的特殊规律,而且只有在完成这种研究以后,它才能确立为数不多的、适用于生产一般和交换一般的、完全普遍的规律。同时,不言而喻,适用于一定的生产方式和交换形式的规律,对于具有这种生产方式和交换形式的一切历史时期也是适用的。

恩格斯:《反杜林论》
（1876年9月—1878年6月）

见《马克思恩格斯文集》第9卷,人民出版社2009年版,第153—154页。

现代各文明国家的法律体系越来越承认,第一,为了使婚姻有效,它必须是一种双方自愿缔结的契约;第二,在结婚同居期间,双方在相互关系上必须具有平等的权利和义务。

恩格斯:《家庭、私有制和国家的起源》
（1884年3月底—5月底）

见《马克思恩格斯文集》第4卷,人民出版社2009年版,第86页。

氏族在蒙昧时代中级阶段发生，在高级阶段继续发展起来，就我们现有的资料来判断，到了野蛮时代低级阶段，它便达到了全盛时代。

恩格斯：《家庭、私有制和国家的起源》
（1884年3月底—5月底）
见《马克思恩格斯文集》第4卷，人民出版社2009年版，第177页。

资产阶级，由于开拓了世界市场，使一切国家的生产和消费都成为世界性的了。……过去那种地方的和民族的自给自足和闭关自守状态，被各民族的各方面的互相往来和各方面的互相依赖所代替了。物质的生产是如此，精神的生产也是如此。各民族的精神产品成了公共的财产。民族的片面性和局限性日益成为不可能，于是由许多种民族的和地方的文学形成了一种世界的文学。

资产阶级，由于一切生产工具的迅速改进，由于交通的极其便利，把一切民族甚至最野蛮的民族都卷到文明中来了。

马克思和恩格斯：《共产党宣言》
（1847年12月—1848年1月底）
见《马克思恩格斯文集》第2卷，人民出版社2009年版，第35页。

民族内部的阶级对立一消失,民族之间的敌对关系就会随之消失。

一个民族当它还在压迫其他民族的时候,是不可能获得自由的。

可是全世界的无产者却有共同的利益,有共同的敌人,面临着同样的斗争;所有的无产者生来就没有民族的偏见,……只有无产者才能够消灭各民族的隔离状态,只有觉醒的无产阶级才能够建立各民族的兄弟友爱。

马克思和恩格斯:《共产党宣言》（1847年12月—1848年1月底）
见《马克思恩格斯文集》第2卷,人民出版社2009年版,第50页。

恩格斯:《关于波兰的演说》（1847年11月29日）
见《马克思恩格斯文集》第1卷,人民出版社2009年版,第696页。

恩格斯:《在伦敦举行的各族人民庆祝大会》（1845年底）
见《马克思恩格斯全集》第2卷,人民出版社1957年版,第666页。

七、社会意识

政治、法、哲学、宗教、文学、艺术等等的发展是以经济发展为基础的。但是,它们又都互相作用并对经济基础发生作用。这并不是说,只有经济状况才是原因,才是积极的,其余一切都不过是消极的结果,而是说,这是在归根到底不断为自己开辟道路的经济必然性的基础上的相互作用。

恩格斯:《致瓦尔特·博尔吉乌斯》(1894年1月25日)

见《马克思恩格斯文集》第10卷,人民出版社2009年版,第668页。

统治阶级的思想在每一时代都是占统治地位的思想。

马克思和恩格斯:《德意志意识形态》(1845年秋—1846年5月)

见《马克思恩格斯文集》第1卷,人民出版社2009年版,第550页。

在不同的财产形式上，在社会生存条件上，耸立着由各种不同的、表现独特的情感、幻想、思想方式和人生观构成的整个上层建筑。整个阶级在其物质条件和相应的社会关系的基础上创造和构成这一切。

马克思：《路易·波拿巴的雾月十八日》（1851年12月中—1852年3月25日）

见《马克思恩格斯文集》第2卷，人民出版社2009年版，第498页。

我们拒绝想把任何道德教条当做永恒的、终极的、从此不变的伦理规律强加给我们的一切无理要求，这种要求的借口是，道德世界也有凌驾于历史和民族差别之上的不变的原则。相反，我们断定，一切以往的道德论归根到底都是当时的社会经济状况的产物。

恩格斯：《反杜林论》（1876年9月—1878年6月）

见《马克思恩格斯文集》第9卷，人民出版社2009年版，第99页。

科学这种既是观念的财富同时又是实际的财富的发展，只不过是人的生产力的发展即财富的发展所表现的一个方面，一种形式。

马克思：《政治经济学批判（1857—1858年手稿）》（1857年底—1858年5月）

见《马克思恩格斯文集》第8卷，人民出版社2009年版，第170页。

马克思恩格斯列宁经典论述摘编

科学分类。每一门科学都是分析某一个别的运动形式或一系列互相关联和互相转化的运动形式的，因此，科学分类就是这些运动形式本身依其内在序列所进行的分类、排序，科学分类的重要性也正在于此。

恩格斯：《自然辩证法》（1873—1882年）

见《马克思恩格斯文集》第9卷，人民出版社2009年版，第504页。

在政治经济学领域内，自由的科学研究遇到的敌人，不只是它在一切其他领域内遇到的敌人。政治经济学所研究的材料的特殊性质，把人们心中最激烈、最卑鄙、最恶劣的感情，把代表私人利益的复仇女神召唤到战场上来反对自由的科学研究。

马克思：《〈资本论〉第1卷第一版序言》（1867年7月25日）

见《马克思恩格斯文集》第5卷，人民出版社2009年版，第10页。

技术在很大程度上依赖于科学状况，那么，科学则在更大得多的程度上依赖于技术的状况和需要。社会一旦有技术上的需要，这种需要就会比十所大学更能把科学推向前进。

恩格斯：《致瓦尔特·博尔吉乌斯》（1894年1月25日）

见《马克思恩格斯文集》第10卷，人民出版社2009年版，第668页。

各门科学在18世纪已经具有自己的科学形式,因此它们终于一方面和哲学,另一方面和实践结合起来了。科学和哲学结合的结果就是唯物主义(牛顿的学说和洛克的学说同样是唯物主义的前提)、启蒙运动和法国的政治革命。科学和实践结合的结果就是英国的社会革命。

恩格斯:《英国状况》
(1844年1月初—2月初)

见《马克思恩格斯文集》第1卷,人民出版社2009年版,第97页。

只有工人阶级能够……把科学从阶级统治的工具变为人民的力量,把科学家本人从阶级偏见的兜售者、追逐名利的国家寄生虫、资本的同盟者,变成自由的思想家!只有在劳动共和国里面,科学才能起它的真正的作用。

马克思:《〈法兰西内战〉初稿》
(1871年4月中—5月上半月)

见《马克思恩格斯文集》第3卷,人民出版社2009年版,第204页。

马克思恩格斯列宁经典论述摘编

在马克思看来,科学是一种在历史上起推动作用的、革命的力量。任何一门理论科学中的每一个新发现——它的实际应用也许还根本无法预见——都使马克思感到衷心喜悦,而当他看到那种对工业、对一般历史发展立即产生革命性影响的发现的时候,他的喜悦就非同寻常了。

恩格斯:《在马克思墓前的讲话》(1883年3月18日前后)

见《马克思恩格斯文集》第3卷,人民出版社2009年版,第602页。

任何真正的哲学都是自己时代精神的精华⋯⋯

马克思:《第179号"科伦日报"社论》(1842年6月29日—7月4日期间)

见《马克思恩格斯全集》第1卷,人民出版社1956年版,第121页。

哲学家依照他们如何回答这个问题而分成了两大阵营。凡是断定精神对自然界说来是本原的,从而归根到底承认某种创世说的人(而创世说在哲学家那里,例如在黑格尔那里,往往比在基督教那里还要繁杂和荒唐得多),组成唯心主义阵营。凡是认为自然界是本原的,则属于唯物主义的各种学派。

恩格斯:《路德维希·费尔巴哈和德国古典哲学的终结》(1886年初)

见《马克思恩格斯文集》第4卷,人民出版社2009年版,第278页。

第四章
人、自然与社会

哲学把无产阶级当做自己的物质武器，同样，无产阶级也把哲学当做自己的精神武器……

马克思：《〈黑格尔法哲学批判〉导言》
（1843年10月中—12月中）
见《马克思恩格斯文集》第1卷，人民出版社2009年版，第17页。

辩证法，在其合理形态上，引起资产阶级及其空论主义的代言人的恼怒和恐怖，因为辩证法在对现存事物的肯定的理解中同时包含对现存事物的否定的理解，即对现存事物的必然灭亡的理解；辩证法对每一种既成的形式都是从不断的运动中，因而也是从它的暂时性方面去理解；辩证法不崇拜任何东西，按其本质来说，它是批判的和革命的。

马克思：《〈资本论〉第1卷第二版跋》（1873年1月24日）
见《马克思恩格斯文集》第5卷，人民出版社2009年版，第22页。

一切宗教都不过是支配着人们日常生活的外部力量在人们头脑中的幻想的反映，在这种反映中，人间的力量采取了超人间的力量的形式。

恩格斯：《反杜林论》
（1876年9月—1878年6月）
见《马克思恩格斯文集》第9卷，人民出版社2009年版，第333页。

八、社会形态的不断演进

我们把上述的发展进程简单地概述如下：

一、中世纪社会：个体的小生产。生产资料是供个人使用的，因而是原始的、笨拙的、小的、效能很低的。生产都是为了直接消费，无论是生产者本身的消费，还是他的封建领主的消费。只有在生产的东西除了满足这些消费以外还有剩余的时候，这种剩余才拿去出卖和进行交换。所以，商品生产刚刚处于形成过程中，但是这时它本身已经包含着社会生产的无政府状态的萌芽。

二、资本主义革命：起初是工业通过简单协作和工场手工业实现的变革。先前分散的生产资料集中到大作坊中，因而它

恩格斯：《社会主义从空想到科学的发展》

（1880年1—3月上半月）

见《马克思恩格斯文集》第3卷，人民出版社2009年版，第565—566页。

们就由个人的生产资料转变为社会化的生产资料,这种转变总的说来没有触及交换形式。旧的占有形式仍然起作用。资本家出现了:他是生产资料的所有者,当然就占有产品并把它们变为商品。生产已经成为社会的活动;而交换以及和它相伴随的占有,仍旧是个体的活动,单个人的活动:社会的产品被个别资本家所占有。这就是产生现代社会的一切矛盾的基本矛盾,现代社会就在这一切矛盾中运动,而大工业把它们明显地暴露出来了。

三、无产阶级革命,矛盾的解决:无产阶级将取得公共权力,并且利用这个权力把脱离资产阶级掌握的社会化生产资料变为公共财产。通过这个行动,无产阶级使生产资料摆脱了它们迄今具有的资本属性,使它们的社会性质有充分的自由得以实现。从此按照预定计划进行的社会生产就成为可能的了。生产的发展使不同社会阶级的继续存在成为时代错乱。随着社会生产的无政府状态的消失,国家的政治权威也将消失。人终于成为自己的社会结合的主人,从而也就成为自然界的主人,成为自身的主人——自由的人。

马克思恩格斯列宁经典论述摘编

我的观点是把经济的社会形态的发展理解为一种自然史的过程。不管个人在主观上怎样超脱各种关系，他在社会意义上总是这些关系的产物。

马克思：《〈资本论〉第1卷第一版序言》（1867年7月25日）
见《马克思恩格斯文集》第5卷，人民出版社2009年版，第10页。

一个社会即使探索到了本身运动的自然规律——本书的最终目的就是揭示现代社会的经济运动规律——，它还是既不能跳过也不能用法令取消自然的发展阶段。但是它能缩短和减轻分娩的痛苦。

马克思：《〈资本论〉第1卷第一版序言》（1867年7月25日）
见《马克思恩格斯文集》第5卷，人民出版社2009年版，第9—10页。

第五章　群众与历史

一、人民群众是历史的创造者

二、群众在历史上具有重要作用

三、群众与领袖

四、密切群众关系

一、人民群众是历史的创造者

▼

我们要求把历史的内容还给历史,但我们认为历史不是"神"的启示,而是人的启示,并且只能是人的启示。

恩格斯:《英国状况》(1843年10月—1844年1月中)

见《马克思恩格斯全集》第3卷,人民出版社2002年版,第520页。

马克思最重视的是群众的历史主动性。

列宁:《卡·马克思致路·库格曼书信集俄译本序言》(1907年2月5日〔18日〕)

见《列宁专题文集(论马克思主义)》,人民出版社2009年版,第109页。

历史活动是群众的活动,随着历史活动的深入,必将是群众队伍的扩大。

马克思和恩格斯:《神圣家族》(1844年9—11月)

见《马克思恩格斯文集》第1卷,人民出版社2009年版,第287页。

马克思恩格斯列宁经典论述摘编

随着人们历史创造活动的扩大和深入，作为自觉的历史活动家的人民群众在数量上也必定增多起来。

列宁：《我们拒绝什么遗产？》（1897年底）

见《列宁全集》第2卷，人民出版社1984年版，第414页。

劳动人民不能指望别人，依靠别人，只有靠自己。劳动者如果自己不解放自己，谁也不会把他从贫困中解放出来的。

列宁：《告贫苦农民》（1903年3月1日和28日〔3月14日和4月10日〕之间）

见《列宁全集》第7卷，人民出版社1986年版，第118页。

革命是历史的火车头，——马克思这样说过。革命是被压迫者和被剥削者的盛大节日。人民群众在任何时候都不能像在革命时期这样以新社会制度的积极创造者的身份出现。在这样的时期，人民能够作出从市侩的渐进主义的狭小尺度看来是不可思议的奇迹。

列宁：《社会民主党在民主革命中的两种策略》（1905年6—7月）

见《列宁选集》第1卷，人民出版社2012年版，第616页。

二、群众在历史上具有重要作用

▼

过去的一切运动都是少数人的，或者为少数人谋利益的运动。无产阶级的运动是绝大多数人的，为绝大多数人谋利益的独立的运动。

马克思和恩格斯：《共产党宣言》
（1847年12月—1848年1月底）

见《马克思恩格斯文集》第2卷，人民出版社2009年版，第42页。

代替那存在着阶级和阶级对立的资产阶级旧社会的，将是这样一个联合体，在那里，每个人的自由发展是一切人的自由发展的条件。

马克思和恩格斯：《共产党宣言》
（1847年12月—1848年1月底）

见《马克思恩格斯文集》第2卷，人民出版社2009年版，第53页。

马克思恩格斯列宁经典论述摘编

马克思主义和其他一切社会主义理论的不同之处在于，它出色地把以下两方面结合起来：既以完全科学的冷静态度去分析客观形势和演进的客观进程，又非常坚决地承认群众（当然，还有善于摸索到并建立起同某些阶级的联系的个人、团体、组织、政党）的革命毅力、革命创造性、革命首创精神的意义。

列宁：《反对抵制》（1907年6月26日〔7月9日〕）

见《列宁选集》第1卷，人民出版社2012年版，第747页。

历史早已证明，伟大的革命在其斗争过程中会造就伟大的人物，使过去看来不可能发挥的才能发挥出来。

列宁：《悼念雅·米·斯维尔德洛夫》（1919年3月18日）

见《列宁全集》第36卷，人民出版社1985年版，第72—73页。

主要的出场人物是一定的阶级和倾向的代表，因而也是他们时代的一定思想的代表，他们的动机不是来自琐碎的个人欲望，而正是来自他们所处的历史潮流。

恩格斯：《致斐迪南·拉萨尔》（1859年5月18日）

见《马克思恩格斯文集》第10卷，人民出版社2009年版，第174页。

三、群众与领袖

没有组织的群众是不会有统一意志的，……领袖在紧急关头实行叛变时，群众是什么也不能制造出来的……

> 列宁:《第二国际的破产》（1915年5—6月）
> 见《列宁选集》第2卷，人民出版社2012年版，第487页。

世界所以有这种突飞猛进的发展，其基本原因是有成亿成亿的人卷进这个发展的洪流了。

> 列宁:《庆祝〈真理报〉创刊十周年》（1922年5月2日）
> 见《列宁全集》第43卷，人民出版社1987年版，第175—176页。

马克思恩格斯列宁经典论述摘编

无论历史的结局如何，人们总是通过每一个人追求他自己的、自觉预期的目的来创造他们的历史，而这许多按不同方向活动的愿望及其对外部世界的各种各样作用的合力，就是历史。

恩格斯:《路德维希·费尔巴哈和德国古典哲学的终结》（1886年初）
见《马克思恩格斯文集》第4卷，人民出版社2009年版，第302页。

因此，如果要去探究那些隐藏在——自觉地或不自觉地，而且往往是不自觉地——历史人物的动机背后并且构成历史的真正的最后动力的动力，那么问题涉及的，与其说是个别人物，即使是非常杰出的人物的动机，不如说是使广大群众、使整个整个的民族，并且在每一民族中间又是使整个整个阶级行动起来的动机；而且也不是短暂的爆发和转瞬即逝的火光，而是持久的、引起重大历史变迁的行动。

恩格斯:《路德维希·费尔巴哈和德国古典哲学的终结》（1886年初）
见《马克思恩格斯文集》第4卷，人民出版社2009年版，第304页。

第五章
群众与历史

历史是这样创造的：最终的结果总是从许多单个的意志的相互冲突中产生出来的，而其中每一个意志，又是由于许多特殊的生活条件，才成为它所成为的那样。这样就有无数互相交错的力量，有无数个力的平行四边形，由此就产生出一个合力，即历史结果，而这个结果又可以看做一个作为整体的、不自觉地和不自主地起着作用的力量的产物。

恩格斯：《致约瑟夫·布洛赫》（1890年9月21—22日）

见《马克思恩格斯文集》第10卷，人民出版社2009年版，第592页。

巴黎公社遭到灭亡，就是由于缺乏集中和权威。胜利以后，你们可以随意对待权威等等，但是，为了进行斗争，我们必须把我们的一切力量捏在一起，并使这些力量集中在同一个攻击点上。如果有人对我说，权威和集中是两种在任何情况下都应当加以诅咒的东西，那么我就认为，说这种话的人，要么不知道什么叫革命，要么只不过是口头革命派。

恩格斯：《致卡洛·特尔察吉》（1872年1月14—15日）

见《马克思恩格斯文集》第10卷，人民出版社2009年版，第375—376页。

马克思恩格斯列宁经典论述摘编

在历史上，任何一个阶级，如果不推举出自己善于组织运动和领导运动的政治领袖和先进代表，就不可能取得统治地位。

列宁：《我们运动的迫切任务》
（1900年11月初）
见《列宁选集》第1卷，人民出版社2012年版，第286页。

在现代社会中，假如没有"十来个"富有天才（而天才人物不是成千成百地产生的）、经过考验、受过专业训练和长期教育并且彼此配合得很好的领袖，无论哪个阶级都无法进行坚持不懈的斗争。

列宁：《怎么办？》
（1901年秋—1902年2月）
见《列宁选集》第1卷，人民出版社2012年版，第401页。

无产阶级的自发斗争如果没有坚强的革命家组织的领导，就不能成为无产阶级的真正的"阶级斗争"。

列宁：《怎么办？》
（1901年秋—1902年2月）
见《列宁选集》第1卷，人民出版社2012年版，第414页。

第五章
群众与历史

工人阶级为了在全世界进行艰巨而顽强的斗争以取得彻底解放，是需要权威的。

列宁:《卡·考茨基的小册子〈俄国革命的动力和前途〉的俄译本序言》(1906年12月)

见《列宁全集》第14卷，人民出版社1988年版，第225页。

"是党专政还是阶级专政？是领袖专政(领袖的党)还是群众专政(群众的党)？"——单是问题的这种提法就已经证明思想混乱到了不可思议的无可救药的地步。这些人竭力要标新立异，结果却弄巧成拙。……在通常情况下，在多数场合，至少在现代的文明国家内，阶级是由政党来领导的；政党通常是由最有威信、最有影响、最有经验、被选出担任最重要职务而称为领袖的人们所组成的比较稳定的集团来主持的。这都是起码的常识。这都是简单明了的道理。

列宁:《共产主义运动中的"左派"幼稚病》(1920年4—5月)

见《列宁选集》第4卷，人民出版社2012年版，第151页。

政治是一门科学，是一种艺术，它不是从天上掉下来的，不费力是掌握不了的；无产阶级要想战胜资产阶级，就必须造就出自己的、无产阶级的"阶级的政治家"，而这些政治家同资产阶级的政治家比起来应该毫不逊色。

列宁：《共产主义运动中的"左派"幼稚病》
（1920年4—5月）

见《列宁选集》第4卷，人民出版社2012年版，第189页。

千百万创造者的智慧却会创造出一种比最伟大的天才预见还要高明得多的东西。

列宁：《全俄工兵农代表苏维埃第三次代表大会文献》
（1918年1月中旬）

见《列宁全集》第33卷，人民出版社1985年版，第281页。

四、密切群众关系

应该严格地分清：群众对目的究竟"关注"到什么程度，群众对这些目的究竟怀有多大"热情"。"思想"一旦离开"利益"，就一定会使自己出丑。

马克思和恩格斯：《神圣家族》（1844年9—11月）
见《马克思恩格斯文集》第1卷，人民出版社2009年版，第286页。

有识之士往往通过无形的纽带同人民的机体联系在一起。

马克思：《致齐格弗里特·迈耶尔》（1871年1月21日）
见《马克思恩格斯全集》第33卷，人民出版社1973年版，第178页。

马克思恩格斯列宁经典论述摘编

只要千百万劳动者团结得象一个人一样，跟随本阶级的优秀分子前进，胜利也就有了保证。

列宁:《两次留声机片录音讲话》(1920年3月底)

见《列宁全集》第38卷，人民出版社1986年版，第263页。

而没有千百万觉悟群众的革命行动，没有群众汹涌澎湃的英勇气概，没有马克思在谈到巴黎工人在公社时期的表现时所说的那种"冲天"的决心和本领，是不可能消灭专制制度的。

列宁:《社会民主党在俄国革命中的土地纲领》(1908年7月5日〔18日〕)

见《列宁全集》第17卷，人民出版社1988年版，第151页。

我国革命的教训就是：只有以一定的阶级为依靠的政党才是强有力的，才能在形势发生各种各样的转变的时期安然无恙。公开的政治斗争迫使政党更紧密地联系群众，因为没有这种联系，政党就没有什么用处。

列宁:《社会革命党人怎样总结革命，革命又怎样给社会革命党人作了总结》(1909年1月7日〔20日〕)

见《列宁专题文集(论无产阶级政党)》，人民出版社2009年版，第342页。

第五章
群众与历史

群众不是从理论上,而是根据实际来看问题的,我们的错误就在于总是从理论上来看问题。

列宁:《在出席全俄工兵代表苏维埃会议的布尔什维克代表的会议上的报告》
（1917年4月4日［17日］）
见《列宁全集》第29卷,人民出版社1985年版,第103页。

如果党的劝告同人民自身的生活经验所教给他们的东西不相一致的话,千百万人是决不会听从这种劝告的。

列宁:《全俄农民第一次代表大会文献》（1917年5月）
见《列宁全集》第30卷,人民出版社1985年版,第147页。

只有相信人民的人,只有投入生气勃勃的人民创造力泉源中去的人,才能获得胜利并保持政权。

列宁:《全俄中央执行委员会会议文献》
（1917年11月4日［17日］）
见《列宁全集》第33卷,人民出版社1985年版,第57页。

马克思恩格斯列宁经典论述摘编

一个国家的力量在于群众的觉悟。只有当群众知道一切，能判断一切，并自觉地从事一切的时候，国家才有力量。

列宁：《全俄工兵代表苏维埃第二次代表大会文献》（1917年10月下旬）

见《列宁选集》第3卷，人民出版社2012年版，第347页。

社会主义不是少数人，不是一个党所能实施的。只有千百万人学会亲自做这件事的时候，他们才能实施社会主义。

列宁：《俄共（布）第七次（紧急）代表大会文献》（1918年3月）

见《列宁选集》第3卷，人民出版社2012年版，第464页。

不吸引更多的人民阶层参加社会建设，不激发一直沉睡的广大群众的积极性，就谈不上什么革命的改革。

列宁：《〈苏维埃政权的当前任务〉一文初稿》（1918年3月23日和28日之间）

见《列宁全集》第34卷，人民出版社1985年版，第141—142页。

第五章
群众与历史

少来一些政治空谈。少发一些书生的议论。多深入生活。多注意工农群众怎样在日常工作中实际地创造新事物。

列宁:《论我们报纸的性质》(1918年9月18日或19日)

见《列宁选集》第3卷,人民出版社2012年版,第573页。

把千百万劳动群众组织起来,这是革命最有利的条件,这是革命取得胜利的最深的泉源。

列宁:《悼念雅·米·斯维尔德洛夫》(1919年3月18日)

见《列宁选集》第3卷,人民出版社2012年版,第709页。

劳动群众拥护我们。我们的力量就在这里。全世界共产主义运动不可战胜的根源就在这里。

列宁:《工人国家和征收党员周》(1919年10月11日)

见《列宁专题文集(论无产阶级政党)》,人民出版社2009年版,第224页。

无产阶级革命政党的纪律是靠什么来维持的？是靠什么来检验的？是靠什么来加强的？第一，是靠无产阶级先锋队的觉悟和它对革命的忠诚，是靠它的坚韧不拔、自我牺牲和英雄气概。第二，是靠它善于同最广大的劳动群众，首先是同无产阶级劳动群众，但同样也同非无产阶级劳动群众联系、接近，甚至可以说在某种程度上同他们打成一片。第三，是靠这个先锋队所实行的政治领导正确，靠它的政治战略和策略正确，而最广大的群众根据切身经验也确信其正确。

列宁：《共产主义运动中的"左派"幼稚病》
（1920年4—5月）
见《列宁选集》第4卷，人民出版社2012年版，第135—136页。

哪里有群众，就一定到哪里去工作。

列宁：《共产主义运动中的"左派"幼稚病》
（1920年4—5月）
见《列宁选集》第4卷，人民出版社2012年版，第163页。

第五章
群众与历史

为了战胜资本主义,在起领导作用的政党共产党、革命的阶级无产阶级和群众即全体被剥削劳动者之间,必须建立正确的相互关系。

列宁:《为共产国际第二次代表大会准备的文件》
(1920年6—7月)

见《列宁全集》第39卷,人民出版社1986年版,第182页。

我们需要的是新型的党,另一种性质的党。我们需要的是能够经常同群众保持真正的联系的党,善于领导这些群众的党。

列宁:《共产国际第二次代表大会文献》
(1920年7—8月)

见《列宁全集》第39卷,人民出版社1986年版,第225页。

对于一个人数不多的共产党来说,对于一个作为工人阶级的先锋队来领导一个大国在暂时没有得到较先进国家的直接援助的情况下向社会主义过渡的共产党来说,最严重最可怕的危险之一,就是脱离群众,就是先锋队往前跑得太远,没有"保持排面整齐",没有同全体劳动大军即同大多数工农群众保持牢固的联系。

列宁:《关于工会在新经济政策条件下的作用和任务的提纲草案》(1921年12月30日—1922年1月4日)

见《列宁全集》第42卷,人民出版社1987年版,第372页。

在人民群众中,我们毕竟是沧海一粟,只有我们正确地表达人民的想法,我们才能管理。否则共产党就不能率领无产阶级,而无产阶级就不能率领群众,整个机器就要散架。

列宁:《俄共(布)第十一次代表大会文献》
(1922年3—4月)
见《列宁全集》第43卷,人民出版社1987年版,第109页。

历史上有过各种各样的变化;依靠信念、忠诚和其他优秀的精神品质,这在政治上是完全不严肃的。具有优秀精神品质的是少数人,而决定历史结局的却是广大群众,如果这些少数人不中群众的意,群众有时就会对他们不太客气。

列宁:《俄共(布)第十一次代表大会文献》
(1922年3—4月)
见《列宁选集》第4卷,人民出版社2012年版,第679页。

第六章 阶级、政党与国家

一、阶级
二、政党
三、国家
四、革命
五、政治制度

第六章
阶级、政党与国家

一、阶级

社会分裂为剥削阶级和被剥削阶级、统治阶级和被压迫阶级,是以前生产不大发展的必然结果。只要社会总劳动所提供的产品除了满足社会全体成员最起码的生活需要以外只有少量剩余,就是说,只要劳动还占去社会大多数成员的全部或几乎全部时间,这个社会就必然划分为阶级。

恩格斯:《反杜林论》
(1876年9月—1878年6月)
见《马克思恩格斯文集》第9卷,人民出版社2009年版,第298页。

随着在文明时代获得最充分发展的奴隶制的出现,就发生了社会分成剥削阶级和被剥削阶级的第一次大分裂。这种分裂继续存在于整个文明期。

恩格斯:《家庭、私有制和国家的起源》
(1884年3月底—5月底)
见《马克思恩格斯文集》第4卷,人民出版社2009年版,第195页。

在过去的各个历史时代，我们几乎到处都可以看到社会完全划分为各个不同的等级，看到社会地位分成多种多样的层次。

马克思和恩格斯：《共产党宣言》（1847年12月—1848年1月底）

见《马克思恩格斯文集》第2卷，人民出版社2009年版，第31页。

资产阶级是指占有社会生产资料并使用雇佣劳动的现代资本家阶级。

恩格斯：在1888年《共产党宣言》英文版上加的注

见《马克思恩格斯文集》第2卷，人民出版社2009年版，第31页注1。

资产阶级在历史上曾经起过非常革命的作用。

资产阶级在它已经取得了统治的地方把一切封建的、宗法的和田园诗般的关系都破坏了。

资产阶级在它的不到一百年的阶级统治中所创造的生产力，比过去一切世代创造的全部生产力还要多，还要大。

马克思和恩格斯：《共产党宣言》（1847年12月—1848年1月底）

见《马克思恩格斯文集》第2卷，人民出版社2009年版，第33、34、36页。

无产阶级是指没有自己的生产资料，因而不得不靠出卖劳动力来维持生活的现代雇佣工人阶级。

恩格斯：在1888年《共产党宣言》英文版上加的注

见《马克思恩格斯文集》第2卷，人民出版社2009年版，第31页注1。

在当前同资产阶级对立的一切阶级中，只有无产阶级是真正革命的阶级。其余的阶级都随着大工业的发展而日趋没落和灭亡，无产阶级却是大工业本身的产物。

马克思和恩格斯：《共产党宣言》（1847年12月—1848年1月底）

见《马克思恩格斯文集》第2卷，人民出版社2009年版，第41页。

这个阶级的历史使命是推翻资本主义生产方式和最后消灭阶级。这个阶级就是无产阶级。

马克思：《〈资本论〉第1卷第二版跋》（1873年1月24日）

见《马克思恩格斯文集》第5卷，人民出版社2009年版，第18页。

马克思恩格斯列宁经典论述摘编

我们的时代,资产阶级时代,却有一个特点:它使阶级对立简单化了。整个社会日益分裂为两大敌对的阵营,分裂为两大相互直接对立的阶级:资产阶级和无产阶级。

马克思和恩格斯:《共产党宣言》
(1847年12月—1848年1月底)
见《马克思恩格斯文集》第2卷,人民出版社2009年版,第32页。

由于文明时代的基础是一个阶级对另一个阶级的剥削,所以它的全部发展都是在经常的矛盾中进行的。生产的每一进步,同时也就是被压迫阶级即大多数人的生活状况的一个退步。对一些人是好事,对另一些人必然是坏事,一个阶级的任何新的解放,必然是对另一个阶级的新的压迫。

恩格斯:《家庭、私有制和国家的起源》
(1884年3月底—5月底)
见《马克思恩格斯文集》第4卷,人民出版社2009年版,第196—197页。

所谓阶级,就是这样一些集团,由于它们在一定社会经济结构中所处的地位不同,其中一个集团能够占有另一个集团的劳动。

列宁:《伟大的创举》
(1919年6月28日)
见《列宁专题文集(论社会主义)》,人民出版社2009年版,第145页。

第六章
阶级、政党与国家

土地占有制和资产阶级之间的斗争，正如资产阶级和无产阶级之间的斗争一样，首先是为了经济利益而进行的，政治权力不过是用来实现经济利益的手段。

> 恩格斯:《路德维希·费尔巴哈和德国古典哲学的终结》（1886年初）
> 见《马克思恩格斯文集》第4卷，人民出版社2009年版，第305页。

当文明一开始的时候，生产就开始建立在级别、等级和阶级的对抗上，最后建立在积累的劳动和直接的劳动的对抗上。没有对抗就没有进步。这是文明直到今天所遵循的规律。到目前为止，生产力就是由于这种阶级对抗的规律而发展起来的。

> 马克思:《哲学的贫困》（1847年上半年）
> 见《马克思恩格斯全集》第4卷，人民出版社1958年版，第104页。

将近40年来，我们一贯强调阶级斗争，认为它是历史的直接动力，特别是一贯强调资产阶级和无产阶级之间的阶级斗争，认为它是现代社会变革的巨大杠杆；所以我们决不能和那些想把这个阶级斗争从运动中勾销的人们一道走。

> 马克思和恩格斯:《给奥·倍倍尔、威·李卜克内西、威·白拉克等人的通告信》（1879年9月16—18日之间）
> 见《马克思恩格斯文集》第3卷，人民出版社2009年版，第484页。

马克思恩格斯列宁经典论述摘编

正是旧的复杂的社会机体中阶级对抗的这种迅速而剧烈的发展，使革命成为社会进步和政治进步的强大推动力……

恩格斯：《德国的革命和反革命》（1851年8月17日—1852年9月23日）
见《马克思恩格斯文集》第2卷，人民出版社2009年版，第383页。

自从原始公社解体以来，组成为每个社会的各阶级之间的斗争，总是历史发展的伟大动力。这种斗争只有在阶级本身消失之后，即社会主义取得胜利之后才会消失。

恩格斯：《国际社会主义和意大利社会主义》（1894年10月27日）
见《马克思恩格斯文集》第4卷，人民出版社2009年版，第505页。

但是，阶级之间的战争的进行，并不取决于是否采取真正的军事行动，它并不是永远都需要用街垒和刺刀来进行的；只要有利益相互对立、相互冲突和社会地位不同的阶级存在，阶级之间的战争就不会熄灭。

恩格斯：《去年十二月法国无产者相对消极的真正原因》（1852年2—4月初）
见《马克思恩格斯全集》第8卷，人民出版社1961年版，第249页。

第六章
阶级、政党与国家

自从有工人运动以来，斗争是第一次在其所有三个方面——理论方面、政治方面和实践经济方面(反抗资本家)互相配合，互相联系，有计划地推进。

> 恩格斯:《〈德国农民战争〉1870年第二版序言的补充》（1874年7月1日）
> 见《马克思恩格斯文集》第2卷，人民出版社2009年版，第218页。

工人阶级根据自己的经验深深地相信，他们的地位要得到任何可靠的改善，不能够依靠别人，而应当亲自争取，首先应当采取的办法是夺取政权。

> 恩格斯:《10小时工作制问题》（1850年2月中旬）
> 见《马克思恩格斯全集》第7卷，人民出版社1959年版，第274页。

一切政治斗争都是阶级斗争，而一切争取解放的阶级斗争，尽管它必然地具有政治的形式（因为一切阶级斗争都是政治斗争），归根到底都是围绕着经济解放进行的。

> 恩格斯:《路德维希·费尔巴哈和德国古典哲学的终结》（1886年初）
> 见《马克思恩格斯文集》第4卷，人民出版社2009年版，第306页。

……至于讲到我，无论是发现现代社会中有阶级存在或发现各阶级间的斗争，都不是我的功劳。……我所加上的新内容就是证明了下列几点：（1）阶级的存在仅仅同生产发展的一定历史阶段相联系；（2）阶级斗争必然导致无产阶级专政；（3）这个专政不过是达到消灭一切阶级和进入无阶级社会的过渡……

马克思：《致约瑟夫·魏德迈》（1852年3月5日）

见《马克思恩格斯文集》第10卷，人民出版社2009年版，第106页。

在联合的反革命资产阶级面前，小资产阶级和农民阶级中一切已经革命化的成分，自然必定要与享有盛誉的革命利益代表者，即与革命无产阶级联合起来。

马克思：《1848年至1850年的法兰西阶级斗争》（1849年底—1850年3月底和1850年10—11月1日）

见《马克思恩格斯文集》第2卷，人民出版社2009年版，第134页。

工人阶级政党在一定的条件下完全可以利用其他政党和党派来达到自己的目的，但是它不应当隶属任何其他政党。

马克思和恩格斯：《中央委员会告共产主义者同盟书》（1850年6月）

见《马克思恩格斯全集》第7卷，人民出版社1959年版，第362页。

不同阶级的这种联合，虽然在某种程度上向来是一切革命的必要条件，却不能持久，一切革命的命运都是如此。在战胜共同的敌人之后，战胜者之间就要分成不同的营垒，彼此兵戎相见。

恩格斯：《德国的革命和反革命》
（1851年8月17日—1852年9月23日）

见《马克思恩格斯文集》第2卷，人民出版社2009年版，第383页。

在政治上为了一定的目的，甚至可以同魔鬼结成联盟，只是必须肯定，是你领着魔鬼走而不是魔鬼领着你走。

马克思：《科苏特、马志尼和路易－拿破仑》
（1852年11月16日）

见《马克思恩格斯全集》第8卷，人民出版社1961年版，第443页。

在斗争（我们仅仅谈到它的某些阶段）中，这批人联合起来，形成一个自为的阶级。他们所维护的利益变成阶级的利益。而阶级同阶级的斗争就是政治斗争。

马克思：《哲学的贫困》
（1847年上半年）

见《马克思恩格斯文集》第1卷，人民出版社2009年版，第654页。

马克思恩格斯列宁经典论述摘编

既然各国工人的生活水平是相同的,既然他们的利益是相同的,他们的敌人也是相同的,那么他们就应当共同战斗,就应当以各国工人的兄弟联盟来对抗各国资产者的兄弟联盟。

恩格斯:《关于波兰的演说》(1847年11月29日)

见《马克思恩格斯文集》第1卷,人民出版社2009年版,第697页。

如果不就内容而就形式来说,无产阶级反对资产阶级的斗争首先是一国范围内的斗争。每一个国家的无产阶级当然首先应该打倒本国的资产阶级。

马克思和恩格斯:《共产党宣言》(1847年12月—1848年1月底)

见《马克思恩格斯文集》第2卷,人民出版社2009年版,第43页。

国际从未提出任何特殊的信条教义。它的任务就是组织劳动力量,团结各种各样的工人运动,使它们联合起来。

马克思:《纪念国际成立七周年》(1871年9月24日)

见《马克思恩格斯文集》第3卷,人民出版社2009年版,第618页。

第六章
阶级、政党与国家

两大社会阶级之间的斗争，必然会成为政治斗争。中等阶级即资本家阶级同土地贵族之间的长期斗争就是这样，工人阶级同上述这些资本家之间的斗争也是这样。在阶级反对阶级的任何斗争中，斗争的直接目的是政治权力……

恩格斯：《工联》
（1881年5月20日左右）

见《马克思恩格斯全集》第19卷，人民出版社1963年版，第284页。

共产党人的最近目的是和其他一切无产阶级政党的最近目的一样的：使无产阶级形成为阶级，推翻资产阶级的统治，由无产阶级夺取政权。

马克思和恩格斯：《共产党宣言》
（1847年12月—1848年1月底）

见《马克思恩格斯文集》第2卷，人民出版社2009年版，第44页。

伟大的阶级，正如伟大的民族一样，无论从哪方面学习都不如从自己所犯错误的后果中学习来得快。虽然过去和现在他们犯过各种各样的错误，而且将来还会犯错误……

恩格斯：《〈英国工人阶级状况〉1892年德文第二版序言》
（1892年7月21日）

见《马克思恩格斯文集》第1卷，人民出版社2009年版，第379页。

一个想争取自身独立的民族,不应该仅限于用一般的作战方法。群众起义,革命战争,到处组织游击队——这才是小民族制胜大民族,不够强大的军队抵抗比较强大和组织良好的军队的唯一方法。

恩格斯:《皮蒙特军队的失败》（1849年3月30日—4月3日）

见《马克思恩格斯全集》第6卷,人民出版社1961年版,第461页。

阶级斗争的原则是社会民主党全部学说和全部政策的基础。

列宁:《小资产阶级的策略》（1907年2月22日［3月7日］）

见《列宁全集》第15卷,人民出版社1988年版,第38页。

马克思主义提供了一条指导性的线索,使我们能在这种看来扑朔迷离、一团混乱的状态中发现规律性。这条线索就是阶级斗争的理论。只有研究某一社会或某几个社会的全体成员的意向的总和,才能科学地确定这些意向的结果。

列宁:《卡尔·马克思》（1914年11月）

见《列宁专题文集(论马克思主义)》,人民出版社2009年版,第15页。

第六章
阶级、政党与国家

马克思主义者不应该离开分析阶级关系的正确立场。

列宁:《论策略书》
(1917年4月8日和13日〔21日和26日〕之间)
见《列宁专题文集(论马克思主义)》,人民出版社2009年版,第170页。

只有群众的革命斗争,才能使工人生活和国家管理真正有所改善。……只有工人自己起来斗争,只有千百万群众共同斗争才能做到这一点,而只要这个斗争一减弱,工人所争得的成果立刻就要被夺走。俄国革命证实了工人国际歌中的一段歌词:"从来就没有什么救世主,也不靠神仙皇帝;要创造人类的幸福,全靠我们自己。"

列宁:《革命的教训》
(1910年10月30日〔11月12日〕)
见《列宁全集》第19卷,人民出版社1989年版,第409页。

马克思恩格斯列宁经典论述摘编

二、政党

迄今为止在历史著作中根本不起作用或者只起极小作用的经济事实，至少在现代世界中是一个决定性的历史力量；这些经济事实形成了产生现代阶级对立的基础；这些阶级对立，在它们因大工业而得到充分发展的国家里，因而特别是在英国，又是政党形成的基础，党派斗争的基础，因而也是全部政治史的基础。

恩格斯：《关于共产主义者同盟的历史》

（1885年10月8日）

见《马克思恩格斯文集》第4卷，人民出版社2009年版，第232页。

任何党的领导都希望看到成功,这也是很好的。但是在某些情况下,需要有勇气为了更重要的事情而牺牲一时的成功。尤其是像我们这样的政党,它的最后的成功是绝对不成问题的,它在我们这一生中并且在我们眼前已获得了如此巨大的发展,所以它决不是始终无条件地需要一时的成功。

恩格斯:《致奥古斯特·倍倍尔》(1873年6月20日)
见《马克思恩格斯文集》第10卷,人民出版社2009年版,第391页。

共产党人同全体无产者的关系是怎样的呢?

共产党人不是同其他工人政党相对立的特殊政党。

他们没有任何同整个无产阶级的利益不同的利益。

他们不提出任何特殊的原则,用以塑造无产阶级的运动。

……在无产者不同的民族的斗争中,共产党人强调和坚持整个无产阶级共同的不分民族的利益……

马克思和恩格斯:《共产党宣言》(1847年12月—1848年1月底)
见《马克思恩格斯文集》第2卷,人民出版社2009年版,第44页。

马克思恩格斯列宁经典论述摘编

为了要达到自己的最终胜利，他们首先必须自己努力：他们应该认清自己的阶级利益，尽快采取自己独立政党的立场，一时一刻也不能因为听信民主派小资产者的花言巧语而动摇对无产阶级政党的独立组织的信念。他们的战斗口号应该是：不断革命。

马克思和恩格斯：《共产主义者同盟中央委员会告同盟书》（1850年3月24日以前）
见《马克思恩格斯文集》第2卷，人民出版社2009年版，第199页。

无产阶级在反对有产阶级联合力量的斗争中，只有把自身组织成为与有产阶级建立的一切旧政党不同的、相对立的政党，才能作为一个阶级来行动。

为保证社会革命获得胜利和实现革命的最高目标——消灭阶级，无产阶级这样组织成为政党是必要的。

马克思：《国际工人协会共同章程》（1871年9月底10月初—大约11月6日）
见《马克思恩格斯文集》第3卷，人民出版社2009年版，第228页。

看来，一个大国的任何工人政党，只有在内部斗争中才能发展起来，这是符合一般辩证发展规律的。

恩格斯：《致爱德华·伯恩施坦》（1882年10月20日）
见《马克思恩格斯文集》第10卷，人民出版社2009年版，第483页。

无产阶级要在决定关头强大到足以取得胜利，就必须（马克思和我从1847年以来就坚持这种立场）组成一个不同于其他所有政党并与它们对立的特殊政党，一个自觉的阶级政党。

恩格斯：《致格尔松·特里尔》（1889年12月18日）
见《马克思恩格斯文集》第10卷，人民出版社2009年版，第578页。

每一个党的生存和发展通常伴随着党内较为温和的派别和较为极端的派别的发展和相互斗争，谁如果不由分说地开除较为极端的派别，那只会促进这个派别的发展。

恩格斯：《致格尔松·特里尔》（1889年12月18日）
见《马克思恩格斯文集》第10卷，人民出版社2009年版，第580页。

马克思恩格斯列宁经典论述摘编

各地的经验都证明，要使工人摆脱旧政党的这种支配，最好的办法就是在每一个国家里建立一个无产阶级的政党，这个政党要有它自己的政策，这种政策显然与其他政党的政策不同，因为它必须表现出工人阶级解放的条件。这种政策的细节可以根据每一个国家的特殊情况而有所不同……

恩格斯：《致国际工人协会西班牙联合会委员会》
（1871年2月13日）
见《马克思恩格斯文集》第3卷，人民出版社2009年版，第92页。

目前，在阶级反对阶级的政治斗争中，组织是最重要的武器。

恩格斯：《工联》
（1881年5月20日左右）
见《马克思恩格斯全集》第19卷，人民出版社1963年版，第284页。

每一个新参加运动的国家所应采取的第一个步骤，始终是把工人组织成独立的政党，不管怎样组织起来，只要它是一个真正的工人政党就行。

恩格斯：《致弗里德里希·阿道夫·左尔格》
（1886年11月29日）
见《马克思恩格斯文集》第10卷，人民出版社2009年版，第558页。

第六章
阶级、政党与国家

我们党内可以有来自任何社会阶级的个人，但是我们绝对不需要任何代表资本家、中等资产阶级或中等农民的利益的集团。

恩格斯：《法德农民问题》（1894年11月15—22日之间）

见《马克思恩格斯文集》第4卷，人民出版社2009年版，第519页。

因此，在实践方面，共产党人是各国工人政党中最坚决的、始终起推动作用的部分；在理论方面，他们胜过其余无产阶级群众的地方在于他们了解无产阶级运动的条件、进程和一般结果。

马克思和恩格斯：《共产党宣言》（1847年12月—1848年1月底）

见《马克思恩格斯文集》第2卷，人民出版社2009年版，第44页。

我们党有个很大的优点，就是有一个新的科学的世界观作为理论的基础……

恩格斯：《卡尔·马克思〈政治经济学批判。第一分册〉》（1859年8月3—15日）

见《马克思恩格斯文集》第2卷，人民出版社2009年版，第599页。

一般说来，一个政党的正式纲领没有它的实际行动那样重要。但是，一个新的纲领毕竟总是一面公开树立起来的旗帜，而外界就根据它来判断这个党。

恩格斯:《给奥·倍倍尔的信》（1875年3月18—28日）

见《马克思恩格斯文集》第3卷，人民出版社2009年版，第415页。

如果建立一个没有纲领的党，一个谁都可以参加的党，那末这就不成其为党了。

恩格斯:《致爱德华·伯恩施坦》（1882年11月28日）

见《马克思恩格斯全集》第35卷，人民出版社1971年版，第401页。

暂时处于少数——在组织上——而有正确的纲领，总比没有纲领而只是表面上拥有一大批虚假的拥护者要强得多。

恩格斯:《致爱德华·伯恩施坦》（1882年11月28日）

见《马克思恩格斯文集》第10卷，人民出版社2009年版，第492页。

第六章
阶级、政党与国家

一个新的党必须有一个明确的积极的纲领,这个纲领在细节上可以因环境的改变和党本身的发展而改动,但是在每一个时期都必须为全党所赞同。只要这种纲领还没有制定出来或者还处于萌芽状态,新的党也将处于萌芽状态……

恩格斯:《美国工人运动》
(1887年1月26日)

见《马克思恩格斯文集》第4卷,人民出版社2009年版,第318页。

我们现在必须绝对保持党的纪律,否则将一事无成。

马克思:《致恩格斯》
(1859年5月18日)

见《马克思恩格斯全集》第29卷,人民出版社1972年版,第413页。

单靠那种认识到阶级地位的共同性为基础的团结感,就足以使一切国家和操各种语言的工人建立同样的伟大无产阶级政党并使它保持团结。

恩格斯:《关于共产主义者同盟的历史》
(1885年10月8日)

见《马克思恩格斯文集》第4卷,人民出版社2009年版,第246页。

马克思恩格斯列宁经典论述摘编

……党内的分歧并不怎么使我不安；偶尔发生这类事情而且人们都公开发表意见，比暮气沉沉要好得多。

恩格斯:《致保尔·施土姆普弗》
（1895年1月3日）

见《马克思恩格斯文集》第10卷，人民出版社2009年版，第683页。

老黑格尔早就说过：一个党如果分裂了并且经得起这种分裂，这就证明自己是胜利的党。

恩格斯:《致奥古斯特·倍倍尔》
（1873年6月20日）

见《马克思恩格斯文集》第10卷，人民出版社2009年版，第393页。

革命的工人政党同小资产阶级民主派的关系是：同小资产阶级民主派一起去反对工人政党所要推翻的派别；而在小资产阶级民主派企图为自己而巩固本身地位的一切场合，工人政党都对他们采取反对的态度。

马克思和恩格斯:《共产主义者同盟中央委员会告同盟书》
（1850年3月24日以前）

见《马克思恩格斯文集》第2卷，人民出版社2009年版，第191页。

第六章
阶级、政党与国家

千百万人的习惯势力是最可怕的势力。没有铁一般的在斗争中锻炼出来的党，没有为本阶级一切正直的人们所信赖的党，没有善于考察群众情绪和影响群众情绪的党，要顺利地进行这种斗争是不可能的。

列宁：《共产主义运动中的"左派"幼稚病》
（1920年4—5月）

见《列宁选集》第4卷，人民出版社2012年版，第154—155页。

无产阶级只有不局限在狭隘的行会范围内，只有在社会生活的各个方面和各个领域都表现出是全体被剥削劳动群众的领袖，只有这样才能成为革命阶级。

列宁：《为共产国际第二次代表大会准备的文件》
（1920年6—7月）

见《列宁全集》第39卷，人民出版社1986年版，第188页。

在目前激烈的国内战争时代，共产党只有按照高度集中的方式组织起来，在党内实行近似军事纪律那样的铁的纪律，党的中央机关成为拥有广泛的权力、得到党员普遍信任的权威性机构，只有这样，党才能履行自己的职责。

列宁：《加入共产国际的条件》
（不晚于1920年7月18日）

见《列宁专题文集(论无产阶级政党)》，人民出版社2009年版，第273页。

马克思恩格斯列宁经典论述摘编

无产阶级先锋队——共产党，领导非党的工人群众，启发、训练、教育、培养这些群众（共产主义的"学校"），先是工人，然后是农民，以便使他们能够做到并且确实做到把全部国民经济的管理集中在自己手中。

列宁:《党内危机》
（不晚于1921年1月19日）
见《列宁全集》第40卷，人民出版社1986年版，第239页。

党是直接执政的无产阶级先锋队，是领导者。

列宁:《再论工会、目前局势及托洛茨基同志和布哈林同志的错误》（1921年1月25日）
见《列宁专题文集（论辩证唯物主义和历史唯物主义）》，人民出版社2009年版，第318页。

只有工人阶级的政党，即共产党，才能团结、教育和组织无产阶级和全体劳动群众的先锋队，而只有这个先锋队才能抵制这些群众中不可避免的小资产阶级动摇性，抵制无产阶级中不可避免的种种行业狭隘性或行业偏见的传统和恶习的复发，并领导全体无产阶级的一切联合行动，也就是说在政治上领导无产阶级，并且通过无产阶级领导全体劳动群众。不这样，便不能实现无产阶级专政。

列宁:《俄共（布）第十次代表大会文献》（1921年3月）
见《列宁全集》第41卷，人民出版社1986年版，第85页。

党是阶级的先锋队；它的任务决不是反映群众的一般水平，而是带领群众前进。

只有工人阶级的先进部分，只有工人阶级的先锋队，才能领导自己的国家。

三、国家

随着分工的发展也产生了单个人的利益或单个家庭的利益与所有互相交往的个人的共同利益之间的矛盾……

正是由于特殊利益和共同利益之间的这种矛盾，共同利益才采取国家这种与实际的单个利益和全体利益相脱离的独立形式，同时采取虚幻的共同体的形式……

列宁：《全俄农民代表苏维埃非常代表大会文献》
（1917年11月中旬）

见《列宁专题文集（论无产阶级政党）》，人民出版社2009年版，第338页。

列宁：《中央委员会的政治报告》
（1919年12月2日）

见《列宁专题文集（论无产阶级政党）》，人民出版社2009年版，第235页。

马克思和恩格斯：《德意志意识形态》
（1845年秋—1846年5月）

见《马克思恩格斯文集》第1卷，人民出版社2009年版，第536页。

马克思恩格斯列宁经典论述摘编

国家是社会在一定发展阶段上的产物；国家是承认：这个社会陷入了不可解决的自我矛盾，分裂为不可调和的对立面而又无力摆脱这些对立面。而为了使这些对立面，这些经济利益互相冲突的阶级，不致在无谓的斗争中把自己和社会消灭，就需要有一种表面上凌驾于社会之上的力量，这种力量应当缓和冲突，把冲突保持在"秩序"的范围以内；这种从社会中产生但又自居于社会之上并且日益同社会相异化的力量，就是国家。

恩格斯：《家庭、私有制和国家的起源》
（1884年3月底—5月底）
见《马克思恩格斯文集》第4卷，人民出版社2009年版，第189页。

在社会发展的某个很早的阶段，产生了这样一种需要：把每天重复着的产品生产、分配和交换用一个共同规则约束起来，借以使个人服从生产和交换的共同条件。这个规则首先表现为习惯，不久便成了法律。随着法律的产生，就必然产生出以维护法律为职责的机关——公共权力，即国家。

恩格斯：《论住宅问题》
（1872年5月—1873年1月）
见《马克思恩格斯文集》第3卷，人民出版社2009年版，第322页。

所以，国家并不是从来就有的。曾经有过不需要国家，而且根本不知国家和国家权力为何物的社会。在经济发展到一定阶段而必然使社会分裂为阶级时，国家就由于这种分裂而成为必要了。

恩格斯：《家庭、私有制和国家的起源》
（1884年3月底—5月底）
见《马克思恩格斯文集》第4卷，人民出版社2009年版，第193页。

从分工的观点来看问题最容易理解。社会产生它不能缺少的某些共同职能。被指定执行这种职能的人，形成社会内部分工的一个新部门。这样，他们也获得了同授权给他们的人相对立的特殊利益，他们同这些人相对立而独立起来，于是就出现了国家。

恩格斯：《致康拉德·施米特》
（1890年10月27日）
见《马克思恩格斯文集》第10卷，人民出版社2009年版，第596页。

国家作为第一个支配人的意识形态力量出现在我们面前。社会创立一个机关来保护自己的共同利益，免遭内部和外部的侵犯。这种机关就是国家政权。它刚一产生，对社会来说就是独立的，而且它越是成为某个阶级的机关，越是直接地实现这一阶级的统治，它就越独立。

恩格斯：《路德维希·费尔巴哈和德国古典哲学的终结》（1886年初）

见《马克思恩格斯文集》第4卷，人民出版社2009年版，第307—308页。

国家的最高形式，民主共和国，在我们现代的社会条件下正日益成为一种不可避免的必然性，它是无产阶级和资产阶级之间的最后决定性斗争只能在其中进行到底的国家形式——这种民主共和国已经不再正式讲什么财产差别了。

恩格斯：《家庭、私有制和国家的起源》（1884年3月底—5月底）

见《马克思恩格斯文集》第4卷，人民出版社2009年版，第192页。

现代资产阶级社会有其与本身适应的立宪或共和的代议制国家形式。

马克思：《道德化的批评和批评化的道德》（1847年10月底）

见《马克思恩格斯全集》第4卷，人民出版社1958年版，第337页。

第六章
阶级、政党与国家

国家是整个社会的正式代表,是社会在一个有形的组织中的集中表现,但是,说国家是这样的,这仅仅是说,它是当时独自代表整个社会的那个阶级的国家:在古代是占有奴隶的公民的国家,在中世纪是封建贵族的国家,在我们的时代是资产阶级的国家。

恩格斯:《反杜林论》
(1876年9月—1878年6月)
见《马克思恩格斯文集》第9卷,人民出版社2009年版,第297页。

现代国家,不管它的形式如何,本质上都是资本主义的机器,资本家的国家,理想的总资本家。它越是把更多的生产力据为己有,就越是成为真正的总资本家,越是剥削更多的公民。

恩格斯:《社会主义从空想到科学的发展》
(1880年1—3月上半月)
见《马克思恩格斯文集》第3卷,人民出版社2009年版,第559—560页。

我们已经看到,国家的本质特征,是和人民大众分离的公共权力。

恩格斯:《家庭、私有制和国家的起源》
(1884年3月底—5月底)
见《马克思恩格斯文集》第4卷,人民出版社2009年版,第135页。

马克思恩格斯列宁经典论述摘编

由于国家是从控制阶级对立的需要中产生的，由于它同时又是在这些阶级的冲突中产生的，所以，它照例是最强大的、在经济上占统治地位的阶级的国家，这个阶级借助于国家而在政治上也成为占统治地位的阶级，因而获得了镇压和剥削被压迫阶级的新手段。

恩格斯：《家庭、私有制和国家的起源》
（1884年3月底—5月底）
见《马克思恩格斯文集》第4卷，人民出版社2009年版，第191页。

国家是文明社会的概括，它在一切典型的时期毫无例外地都是统治阶级的国家，并且在一切场合在本质上都是镇压被压迫被剥削阶级的机器。

恩格斯：《家庭、私有制和国家的起源》
（1884年3月底—5月底）
见《马克思恩格斯文集》第4卷，人民出版社2009年版，第195页。

第六章
阶级、政党与国家

但是，既然甚至在拥有巨量生产资料和交往手段的现代，国家都不是一个具有独立发展的独立领域，而它的存在和发展归根到底都应该从社会的经济生活条件中得到解释，……国家总的说来还只是以集中的形式反映了支配着生产的阶级的经济需要……

恩格斯:《路德维希·费尔巴哈和德国古典哲学的终结》（1886年初）

见《马克思恩格斯文集》第4卷，人民出版社2009年版，第306页。

资产阶级在社会上上升为第一阶级以后，它也就在政治上宣布自己是第一阶级。它是通过实行代议制而做到这一点的。代议制是以资产阶级的在法律面前平等和法律承认自由竞争为基础的。

恩格斯:《共产主义原理》（1847年10月底—11月）

见《马克思恩格斯文集》第1卷，人民出版社2009年版，第681页。

现代的国家政权不过是管理整个资产阶级的共同事务的委员会罢了。

马克思和恩格斯:《共产党宣言》（1847年12月—1848年1月底）

见《马克思恩格斯文集》第2卷，人民出版社2009年版，第33页。

但是，不同的文明国度中的不同的国家，不管它们的形式如何纷繁，却有一个共同点：它们都建立在现代资产阶级社会的基础上，只是这种社会的资本主义发展程度不同罢了。

马克思：《哥达纲领批判》
（1875年4月底—5月7日）
见《马克思恩格斯文集》第3卷，人民出版社2009年版，第444页。

在资本主义社会和共产主义社会之间，有一个从前者变为后者的革命转变时期。同这个时期相适应的也有一个政治上的过渡时期，这个时期的国家只能是无产阶级的革命专政。

马克思：《哥达纲领批判》
（1875年4月底—5月7日）
见《马克思恩格斯文集》第3卷，人民出版社2009年版，第445页。

如果说有什么是毋庸置疑的，那就是，我们的党和工人阶级只有在民主共和国这种形式下，才能取得统治。民主共和国甚至是无产阶级专政的特殊形式，法国大革命已经证明了这一点。

恩格斯：《1891年社会民主党纲领草案批判》
（1891年6月18—29日之间）
见《马克思恩格斯文集》第4卷，人民出版社2009年版，第415页。

第六章
阶级、政党与国家

现代的资产阶级财产关系靠国家权力来"维持",资产阶级建立国家权力就是为了保卫自己的财产关系。因此,哪里的政权落到资产阶级手里,哪里的无产者就必须将它推翻。

马克思:《道德化的批评和批评化的道德》(1847年10月底)

见《马克思恩格斯全集》第4卷,人民出版社1958年版,第331页。

军队是国家为了进攻或防御而维持的有组织的武装集团。

恩格斯:《军队》(1857年8月—不迟于9月24日)

见《马克思恩格斯全集》第14卷,人民出版社1964年版,第5页。

政治统治到处都是以执行某种社会职能为基础,而且政治统治只有在它执行了它的这种社会职能时才能持续下去。

恩格斯:《反杜林论》(1876年9月—1878年6月)

见《马克思恩格斯文集》第9卷,人民出版社2009年版,第187页。

无论在任何情况下，无论有或者没有托拉斯，资本主义社会的正式代表——国家终究不得不承担起对生产的管理。

恩格斯：《社会主义从空想到科学的发展》

（1880年1—3月上半月）

见《马克思恩格斯文集》第3卷，人民出版社2009年版，第558页。

实际上，国家无非是一个阶级镇压另一个阶级的机器，而且在这一点上民主共和国并不亚于君主国。

恩格斯：《〈法兰西内战〉1891年版导言》

（1891年3月18日以前）

见《马克思恩格斯文集》第3卷，人民出版社2009年版，第111页。

四、革命

革命就是一部分人用枪杆、刺刀、大炮，即用非常权威的手段强迫另一部分人接受自己的意志。

恩格斯：《论权威》

（1872年10月—1873年3月）

见《马克思恩格斯文集》第3卷，人民出版社2009年版，第338页。

任何一次真正的革命都是社会革命，因为它使新阶级占据统治地位并且让这个阶级有可能按照自己的面貌来改造社会。

恩格斯：《流亡者文献》
（1874年5月中—1875年4月）
见《马克思恩格斯文集》第3卷，人民出版社2009年版，第393页。

革命是一种与其说受平时决定社会发展的法则支配，不如说在更大程度上受物理定律支配的纯自然现象。或者更确切地说，这些法则在革命时期具有大得多的物理性质，必然性的物质力量表现得更加强烈。

恩格斯：《致马克思》
（1851年2月13日）
见《马克思恩格斯全集》第27卷，人民出版社1972年版，第210页。

每一个力图取得统治的阶级，即使它的统治要求消灭整个旧的社会形式和一切统治，就像无产阶级那样，都必须首先夺取政权，以便把自己的利益又说成是普遍的利益，而这是它在初期不得不如此做的。

马克思和恩格斯：《德意志意识形态》
（1845年秋—1846年5月）
见《马克思恩格斯文集》第1卷，人民出版社2009年版，第536—537页。

马克思恩格斯列宁经典论述摘编

过去一切阶级在争得统治之后，总是使整个社会服从于它们发财致富的条件，企图以此来巩固它们已经获得的生活地位。无产者只有废除自己的现存的占有方式，从而废除全部现存的占有方式，才能取得社会生产力。

马克思和恩格斯：《共产党宣言》
（1847年12月—1848年1月底）
见《马克思恩格斯文集》第2卷，人民出版社2009年版，第42页。

共产党人到处都支持一切反对现存的社会制度和政治制度的革命运动。

在所有这些运动中，他们都强调所有制问题是运动的基本问题，不管这个问题的发展程度怎样。

马克思和恩格斯：《共产党宣言》
（1847年12月—1848年1月底）
见《马克思恩格斯文集》第2卷，人民出版社2009年版，第66页。

同时我们始终认为，为了达到未来社会革命的这一目的以及其他更重要得多的目的，工人阶级应当首先掌握有组织的国家政权并依靠这个政权镇压资本家阶级的反抗和按新的方式组织社会。

恩格斯：《致菲力浦·范派顿》
（1883年4月18日）
见《马克思恩格斯文集》第10卷，人民出版社2009年版，第506页。

第六章
阶级、政党与国家

迄今的一切革命,都是为了保护一种所有制而反对另一种所有制的革命。它们如果不侵犯另一种所有制,便不能保护这一种所有制。

恩格斯:《家庭、私有制和国家的起源》
(1884年3月底—5月底)
见《马克思恩格斯文集》第4卷,人民出版社2009年版,第132页。

革命是历史的火车头。

马克思:《1848年至1850年的法兰西阶级斗争》
(1849年底—1850年3月底和1850年10—11月1日)
见《马克思恩格斯文集》第2卷,人民出版社2009年版,第161页。

随着时间的推移,就是最昏愦的庸人也应该懂得,没有革命,任何问题也不能解决。

恩格斯:《致马克思》
(1853年3月9日)
见《马克思恩格斯全集》第28卷,人民出版社1973年版,第223页。

马克思恩格斯列宁经典论述摘编

这些起义同中世纪的所有群众运动一样，总是穿着宗教的外衣，采取为复兴日益蜕化的原始基督教而斗争的形式；但是在宗教狂热的背后，每次都隐藏有实实在在的现世利益。

恩格斯：《论原始基督教的历史》
（1894年6月19日—7月16日之间）

见《马克思恩格斯文集》第4卷，人民出版社2009年版，第476页。

一般的革命——推翻现政权和破坏旧关系——是政治行为。而社会主义不通过革命是不可能实现的。社会主义需要这种政治行为，因为它需要消灭和破坏旧的东西。

马克思：《评"普鲁士人"的"普鲁士国王和社会改革"一文》
（1844年7月31日）

见《马克思恩格斯全集》第1卷，人民出版社1956年版，第488—489页。

但是总有一天无产阶级的力量会强大起来，觉悟会提高起来，他们再也不愿载负着一直压在他们肩上的整个社会大厦的重担，他们会要求更公平地分配社会的负担和权利。那时，如果人的本性还不改变的话，社会革命就不可避免了。

恩格斯：《在爱北斐特的演说》
（1845年2月15日）

见《马克思恩格斯全集》第2卷，人民出版社1957年版，第618—619页。

第六章
阶级、政党与国家

新的革命,只有在新的危机之后才可能发生。但新的革命正如新的危机一样肯定会来临。

> 马克思:《1848年至1850年的法兰西阶级斗争》
> (1849年底—1850年3月底和1850年10—11月1日)
> 见《马克思恩格斯文集》第2卷,人民出版社2009年版,第176页。

过去的工人起义的形式都是与劳动发展的每一个阶段以及由此决定的所有制形式联系在一起的;直接或间接的共产主义起义则是与大工业联系在一起的。

> 马克思和恩格斯:《德意志意识形态》
> (1845年秋—1846年5月)
> 见《马克思恩格斯全集》第3卷,人民出版社1960年版,第242页。

在无产阶级尚未发展到足以确立为一个阶级,因而无产阶级同资产阶级的斗争尚未带政治性以前,在生产力在资产阶级本身的怀抱里尚未发展到足以使人看到解放无产阶级和建立新社会必备的物质条件以前,这些理论家不过是一些空想主义者……

> 马克思:《哲学的贫困》
> (1847年上半年)
> 见《马克思恩格斯文集》第1卷,人民出版社2009年版,第616页。

马克思恩格斯列宁经典论述摘编

革命不能故意地、随心所欲地制造，革命在任何地方和任何时候都是完全不以单个政党和整个阶级的意志和领导为转移的各种情况的必然结果。

恩格斯：《共产主义原理》
（1847年10月底—11月）
见《马克思恩格斯文集》第1卷，人民出版社2009年版，第685页。

在这种普遍繁荣的情况下，即在资产阶级社会的生产力正以在整个资产阶级关系范围内所能达到的速度蓬勃发展的时候，也就谈不到什么真正的革命。只有在现代生产力和资产阶级生产方式这两个要素互相矛盾的时候，这种革命才有可能。

马克思：《1848年至1850年的法兰西阶级斗争》
（1849年底—1850年3月底和1850年10—11月1日）
见《马克思恩格斯文集》第2卷，人民出版社2009年版，第176页。

彻底的社会革命是同经济发展的一定历史条件联系着的；这些条件是社会革命的前提。因此，只有在工业无产阶级随着资本主义生产的发展，在人民群众中至少占有重要地位的地方，社会革命才有可能。

马克思：《巴枯宁〈国家制度和无政府状态〉一书摘要》
（1874—1875年初）
见《马克思恩格斯文集》第3卷，人民出版社2009年版，第404页。

第六章
阶级、政党与国家

无论哪一个社会形态,在它所能容纳的全部生产力发挥出来以前,是决不会灭亡的;而新的更高的生产关系,在它的物质存在条件在旧社会的胎胞里成熟以前,是决不会出现的。所以人类始终只提出自己能够解决的任务,因为只要仔细考察就可以发现,任务本身,只有在解决它的物质条件已经存在或者至少是在生成过程中的时候,才会产生。

马克思:《〈政治经济学批判〉序言》(1859年1月)
见《马克思恩格斯文集》第2卷,人民出版社2009年版,第592页。

危机是政治变革的最强有力的杠杆之一,关于这点在《共产党宣言》中就已经讲了,在《新莱茵报评论》上也根据到1848年为止的资料指出过,而除此之外,还指出过,繁荣的恢复会破坏革命,会为反动派的胜利创造条件。

恩格斯:《致爱德华·伯恩施坦》(1882年1月25、31日)
见《马克思恩格斯全集》第35卷,人民出版社1971年版,第258—259页。

马克思恩格斯列宁经典论述摘编

人民只要不掌握政权就不可能改善自己的处境。

恩格斯：《共产主义者和卡尔·海因岑》（1847年9月27日前和10月3日）

见《马克思恩格斯文集》第1卷，人民出版社2009年版，第661页。

而国际从一开始，就把工人阶级夺取政权是社会解放的手段这一口号写在自己的旗帜上……

恩格斯：《致路易·皮奥》（1872年3月7日）

见《马克思恩格斯全集》第33卷，人民出版社1973年版，第417页。

如果政治权力在经济上是无能为力的，那么我们何必要为无产阶级的政治专政而斗争呢？暴力（即国家权力）也是一种经济力量！

恩格斯：《致康拉德·施米特》（1890年10月27日）

见《马克思恩格斯文集》第10卷，人民出版社2009年版，第600—601页。

第六章
阶级、政党与国家

社会党人总是积极参加无产阶级和资产阶级斗争经历的每个发展阶段，而且，一时一刻也不忘记，这些阶段只不过是达到首要的伟大目标的阶梯。这个目标就是：由无产阶级夺取政权作为改造社会的手段。

恩格斯：《未来的意大利革命和社会党》（1894年1月26日）

见《马克思恩格斯文集》第4卷，人民出版社2009年版，第470页。

第十六个问题：能不能用和平的办法废除私有制？

答：但愿如此，共产主义者当然是最不反对这种办法的人。

恩格斯：《共产主义原理》（1847年10月底—11月）

见《马克思恩格斯文集》第1卷，人民出版社2009年版，第684页。

第十七个问题：能不能一下子就把私有制废除？

答：不，不能，正像不能一下子就把现有的生产力扩大到为实行财产公有所必要的程度一样。因此，很可能就要来临的无产阶级革命，只能逐步改造现今社会，只有创造了所必需的大量生产资料之后，才能废除私有制。

恩格斯：《共产主义原理》（1847年10月底—11月）

见《马克思恩格斯文集》第1卷，人民出版社2009年版，第685页。

马克思恩格斯列宁经典论述摘编

共产党人可以把自己的理论概括为一句话:消灭私有制。

马克思和恩格斯:《共产党宣言》
(1847年12月—1848年1月底)
见《马克思恩格斯文集》第2卷,人民出版社2009年版,第45页。

工人革命的第一步就是使无产阶级上升为统治阶级,争得民主。

无产阶级将利用自己的政治统治,一步一步地夺取资产阶级的全部资本,把一切生产工具集中在国家即组织成为统治阶级的无产阶级手里,并且尽可能快地增加生产力的总量。

马克思和恩格斯:《共产党宣言》
(1847年12月—1848年1月底)
见《马克思恩格斯文集》第2卷,人民出版社2009年版,第52页。

公民们,让我们回忆一下国际的一个基本原则——团结。如果我们能够在一切国家的一切工人中间牢牢地巩固这个富有生气的原则,我们就一定会达到我们所向往的伟大目标。革命应当是团结的,巴黎公社的伟大经验这样教导我们。

马克思:《关于海牙代表大会》
(1872年9月8日)
见《马克思恩格斯全集》第18卷,人民出版社1964年版,第180页。

第六章
阶级、政党与国家

只有在没有阶级和阶级对抗的情况下，社会进化将不再是政治革命。而在这以前，在每一次社会全盘改造的前夜，社会科学的结论总是："不是战斗，就是死亡；不是血战，就是毁灭。问题的提法必然如此。"（乔治·桑）

马克思：《哲学的贫困》（1847年上半年）
见《马克思恩格斯文集》第1卷，人民出版社2009年版，第655—656页。

共产党人不屑于隐瞒自己的观点和意图。他们公开宣布：他们的目的只有用暴力推翻全部现存的社会制度才能达到。

马克思和恩格斯：《共产党宣言》（1847年12月—1848年1月底）
见《马克思恩格斯文集》第2卷，人民出版社2009年版，第66页。

凡是反革命当局用暴力手段阻挠这些安全委员会成立和活动的地方，都应当用一切暴力手段来还击暴力。消极反抗应当以积极反抗为后盾。否则这种反抗就像被屠夫拉去屠宰的牛犊的反抗一样。

马克思：《艾希曼的命令》（1848年11月18日）
见《马克思恩格斯全集》第6卷，人民出版社1961年版，第38页。

马克思恩格斯列宁经典论述摘编

因为历史事实证明，对于暴力反革命或者根本不能战胜，或者只有用革命来战胜。

马克思：《柏林"国民报"致初选人》
（1849年1月25—27日）
见《马克思恩格斯全集》第6卷，人民出版社1961年版，第243页。

一种暴力行动只能用另一种暴力行动来铲除。

马克思：《对民主主义者莱茵区域委员会的审判》
（1849年2月8日）
见《马克思恩格斯全集》第6卷，人民出版社1961年版，第287页。

对付政府的叛变和怯懦，只有一种手段：革命。

恩格斯：《在意大利和匈牙利的战争》（1849年3月27日）
见《马克思恩格斯全集》第6卷，人民出版社1961年版，第457页。

的确，要解放被压迫阶级而不损害靠压迫它过活的阶级，而不同时摧毁建立在这种阴暗社会基础上的国家全部上层建筑，是不可能的。

马克思：《关于俄国废除农奴制的问题》（1858年10月1日）
见《马克思恩格斯全集》第12卷，人民出版社1962年版，第628页。

第六章
阶级、政党与国家

暴力是每一个孕育着新社会的旧社会的助产婆。

马克思:《资本论》第1卷（1867年）
见《马克思恩格斯文集》第5卷，人民出版社2009年版，第861页。

但是，无产阶级不能像统治阶级及其互相倾轧的各党各派在历次胜利的时刻所做的那样，简单地掌握现存的国家机体并运用这个现成的工具来达到自己的目的。掌握政权的第一个条件是改造传统的国家工作机器，把它作为阶级统治的工具加以摧毁。

马克思:《〈法兰西内战〉二稿》（1871年5月）
见《马克思恩格斯文集》第3卷，人民出版社2009年版，第218页。

但是，工人阶级不能简单地掌握现成的国家机器，并运用它来达到自己的目的。奴役他们的政治工具不能当成解放他们的政治工具来使用。

马克思:《〈法兰西内战〉二稿》（1871年5月）
见《马克思恩格斯文集》第3卷，人民出版社2009年版，第218页。

工人阶级必须在战场上赢得自身解放的权利。

马克思：《纪念国际成立七周年》（1871年9月24日）

见《马克思恩格斯文集》第3卷，人民出版社2009年版，第619页。

无产阶级不通过暴力革命就不可能夺取自己的政治统治，即通往新社会的唯一大门，在这一点上，我们的意见是一致的。

恩格斯：《致格尔松·特里尔》（1889年12月18日）

见《马克思恩格斯文集》第10卷，人民出版社2009年版，第578页。

你那样愤慨地反对任何形式的和任何情况下的暴力，我认为是不恰当的。

恩格斯：《致威廉·李卜克内西》（1890年3月9日）

见《马克思恩格斯文集》第10卷，人民出版社2009年版，第582页。

如果社会革命和共产主义的实现是我们的现存关系的必然结果，那末我们首先就得采取措施，使我们能够在实现社会关系的变革的时候避免使用暴力和流血。要达到这个目的只有一种办法，就是和平实现共产主义，或者至少是和平准备共产主义。

恩格斯：《在爱北斐特的演说》（1845年2月15日）

见《马克思恩格斯全集》第2卷，人民出版社1957年版，第625页。

第六章
阶级、政党与国家

应当努力暂时运用合法的斗争手段来应对局面。不仅我们这样做，凡是工人享有某种法定的活动自由的所有国家里的所有工人政党也都在这样做，原因很简单，那就是运用这种办法收效最大。

恩格斯：《给〈社会民主党人报〉读者的告别信》（1890年9月12—18日）

见《马克思恩格斯文集》第4卷，人民出版社2009年版，第401页。

世界历史的讽刺把一切都颠倒了过来。我们是"革命者"、"颠覆者"，但是我们用合法手段却比用不合法手段和用颠覆的办法获得的成就多得多。

恩格斯：《卡·马克思〈1848年至1850年的法兰西阶级斗争〉一书导言》（1895年2月14日—3月6日）

见《马克思恩格斯文集》第4卷，人民出版社2009年版，第552页。

只要被压迫阶级——在我们这里就是无产阶级——还没有成熟到能够自己解放自己，这个阶级的大多数人就仍将承认现存的社会秩序是唯一可行的秩序，而在政治上成为资本家阶级的尾巴，构成它的极左翼。

恩格斯：《家庭、私有制和国家的起源》（1884年3月底—5月底）

见《马克思恩格斯文集》第4卷，人民出版社2009年版，第192页。

马克思恩格斯列宁经典论述摘编

我们内部产生了一个集团，它宣称要工人放弃政治活动。我们认为有义务声明：这种原则对我们的事业是极其危险和有害的。工人总有一天必须夺取政权，以便建立一个新的劳动组织；他们如果不愿意像轻视和摒弃政治的早期基督徒那样，永远失去自己在尘世的天国，就应该推翻维护旧制度的旧政治。

马克思：《关于海牙代表大会》
（1872年9月8日）
见《马克思恩格斯全集》第18卷，人民出版社1964年版，第179页。

我没有说过"社会党将取得多数，然后就将取得政权"。相反，我强调过，十有八九的前景是，统治者早在这个时候到来以前，就会使用暴力来对付我们了；而这将使我们从议会斗争的舞台转到革命的舞台……

恩格斯：《答可尊敬的乔万尼·博维奥》
（1892年2月6日）
见《马克思恩格斯文集》第4卷，人民出版社2009年版，第443页。

对于我这个革命者来说，一切达到目的的手段都是可以使用的，不论是最强硬的，还是看起来最温和的。

恩格斯：《致格尔松·特里尔》
（1889年12月18日）
见《马克思恩格斯文集》第10卷，人民出版社2009年版，第579页。

第六章
阶级、政党与国家

有一百个正确行动就有一万个错误，我们的革命仍然是而且在世界历史面前一定是伟大的，不可战胜的，因为这是第一次不是由少数人，不是仅仅由富人、仅仅由有教养的人，而是由真正的群众、由大多数劳动者自己来建设新生活，用自己的经验来解决社会主义组织工作中的最困难的问题。

列宁：《给美国工人的信》（1918年8月20日）
见《列宁全集》第35卷，人民出版社1985年版，第60页。

历史活动的规模愈大、范围愈广，参加这种活动的人数就愈多，反过来说，我们所要实行的改造愈深刻，就愈要使人们关心这种改造并采取自觉的态度，就愈要使成百万成千万的人都确信这种改造的必要性。我们的革命所以远远超过其他一切革命，归根到底是因为它通过苏维埃政权发动了那些以前不关心国家建设的千百万人来积极参加这一建设。

列宁：《全俄苏维埃第八次代表大会文献》（1920年12月）
见《列宁全集》第40卷，人民出版社1986年版，第139页。

五、政治制度

由此可见，资产阶级赖以形成的生产资料和交换手段，是在封建社会里造成的。在这些生产资料和交换手段发展的一定阶段上，封建社会的生产和交换在其中进行的关系，封建的农业和工场手工业组织，一句话，封建的所有制关系，就不再适应已经发展的生产力了。这种关系已经在阻碍生产而不是促进生产了。它变成了束缚生产的桎梏。它必须被炸毁，它已经被炸毁了。

起而代之的是自由竞争以及与自由竞争相适应的社会制度和政治制度、资产阶级的经济统治和政治统治。

马克思和恩格斯:《共产党宣言》（1847年12月—1848年1月底）

见《马克思恩格斯文集》第2卷，人民出版社2009年版，第36—37页。

第六章
阶级、政党与国家

政治权力在对社会独立起来并且从公仆变为主人以后,可以朝两个方向起作用。或者它按照合乎规律的经济发展的精神和方向发生作用,在这种情况下,它和经济发展之间没有任何冲突,经济发展加快速度。或者它违反经济发展而发生作用,在这种情况下,除去少数例外,它照例总是在经济发展的压力下陷于崩溃。

恩格斯:《反杜林论》
(1876年9月—1878年6月)
见《马克思恩格斯文集》第9卷,人民出版社2009年版,第190页。

一切政府,甚至最专制的政府,归根到底都不过是本国状况的经济必然性的执行者。它们可以通过各种方式——好的、坏的或不好不坏的——来执行这一任务;它们可以加速或延缓经济发展及其政治和法律的结果,可是最终它们还是要遵循这种发展。

恩格斯:《致尼古拉·弗兰策维奇·丹尼尔逊》
(1892年6月18日)
见《马克思恩格斯文集》第10卷,人民出版社2009年版,第626页。

马克思恩格斯列宁经典论述摘编

民主制是作为类概念的国家制度。君主制则只是国家制度的一种，并且是不好的一种。

马克思：《黑格尔法哲学批判》（1843年夏天）

见《马克思恩格斯全集》第1卷，人民出版社1956年版，第280页。

在君主制中，整体，即人民，从属于他们存在的一种方式，即他们的政治制度。

马克思：《黑格尔法哲学批判》（1843年夏天）

见《马克思恩格斯全集》第1卷，人民出版社1956年版，第281页。

在君主制中是国家制度的人民；在民主制中则是人民的国家制度。

马克思：《黑格尔法哲学批判》（1843年夏天）

见《马克思恩格斯全集》第1卷，人民出版社1956年版，第281页。

专制制度的唯一原则就是轻视人类，使人不成其为人，而这个原则比其他很多原则好的地方，就在于它不单是一个原则，而且还是事实。

马克思：《摘自"德法年鉴"的书信》（1843年5月）

见《马克思恩格斯全集》第1卷，人民出版社1956年版，第411页。

专制制度必然具有兽性,并且和人性是不相容的。兽的关系只能靠兽性来维持。

马克思:《摘自"德法年鉴"的书信》(1843年5月)

见《马克思恩格斯全集》第1卷,人民出版社1956年版,第414页。

共和国像其他任何政体一样,是由它的内容决定的;只要它是资产阶级的统治形式,它就同任何君主国一样敌视我们(撇开敌视的形式不谈)。

恩格斯:《致保尔·拉法格》(1894年3月6日)

见《马克思恩格斯文集》第10卷,人民出版社2009年版,第671页。

黑格尔从国家出发,把人变成主体化的国家。民主制从人出发,把国家变成客体化的人。正如同不是宗教创造人而是人创造宗教一样,不是国家制度创造人民,而是人民创造国家制度。

马克思:《黑格尔法哲学批判》(1843年夏天)

见《马克思恩格斯全集》第1卷,人民出版社1956年版,第281页。

马克思恩格斯列宁经典论述摘编

在民主制中，不是人为法律而存在，而是法律为人而存在；在这里人的存在就是法律，而在国家制度的其他形式中，人却是法律规定的存在。民主制的基本特点就是这样。

马克思：《黑格尔法哲学批判》（1843年夏天）

见《马克思恩格斯全集》第1卷，人民出版社1956年版，第281页。

首先无产阶级革命将建立民主的国家制度，从而直接或间接地建立无产阶级的政治统治。

恩格斯：《共产主义原理》（1847年10月底—11月）

见《马克思恩格斯文集》第1卷，人民出版社2009年版，第685页。

人民是否有权来为自己建立新的国家制度呢？对这个问题的回答应该是绝对肯定的，因为国家制度如果不再真正表现人民的意志，那它就变成有名无实的东西了。

马克思：《黑格尔法哲学批判》（1843年夏天）

见《马克思恩格斯全集》第1卷，人民出版社1956年版，第316页。

第六章
阶级、政党与国家

工人阶级一旦取得统治权，就不能继续运用旧的国家机器来进行管理；工人阶级为了不致失去刚刚争得的统治，一方面应当铲除全部旧的、一直被利用来反对工人阶级的压迫机器，另一方面还应当保证本身能够防范自己的代表和官吏，即宣布他们毫无例外地可以随时撤换。

恩格斯：《〈法兰西内战〉1891年版导言》
（1891年3月18日以前）

见《马克思恩格斯文集》第3卷，人民出版社2009年版，第110页。

公社是由巴黎各区通过普选选出的市政委员组成的。这些委员对选民负责，随时可以罢免。其中大多数自然都是工人或公认的工人阶级代表。公社是一个实干的而不是议会式的机构，它既是行政机关，同时也是立法机关。

马克思：《法兰西内战》
（1871年5月30日）

见《马克思恩格斯文集》第3卷，人民出版社2009年版，第154页。

马克思恩格斯列宁经典论述摘编

为了防止国家和国家机关由社会公仆变为社会主人——这种现象在至今所有的国家中都是不可避免的——公社采取了两个可靠的办法。第一，它把行政、司法和国民教育方面的一切职位交给由普选选出的人担任，而且规定选举者可以随时撤换被选举者。第二，它对所有公职人员，不论职位高低，都只付给跟其他工人同样的工资。

恩格斯：《〈法兰西内战〉1891年版导言》
（1891年3月18日以前）

见《马克思恩格斯文集》第3卷，人民出版社2009年版，第110—111页。

公社的真正秘密就在于：它实质上是工人阶级的政府，是生产者阶级同占有者阶级斗争的产物，是终于发现的可以使劳动在经济上获得解放的政治形式。

马克思：《法兰西内战》
（1871年5月30日）

见《马克思恩格斯文集》第3卷，人民出版社2009年版，第158页。

第六章
阶级、政党与国家

每一个地区的农村公社,通过设在中心城镇的代表会议来处理它们的共同事务;这些地区的各个代表会议又向设在巴黎的国民代表会议派出代表,每一个代表都可以随时罢免,并受到选民给予他的限权委托书(正式指令)的约束。

马克思:《法兰西内战》
(1871年5月30日)
见《马克思恩格斯文集》第3卷,人民出版社2009年版,第155页。

公社——这是社会把国家政权重新收回,把它从统治社会、压制社会的力量变成社会本身的充满生气的力量;这是人民群众把国家政权重新收回,他们组成自己的力量去代替压迫他们的有组织的力量;这是人民群众获得社会解放的政治形式,这种政治形式代替了被人民群众的敌人用来压迫他们的假托的社会力量(即被人民群众的压迫者所篡夺的力量)(原为人民群众自己的力量,但被组织起来反对和打击他们)。

马克思:《〈法兰西内战〉初稿》
(1871年4月中—5月上半月)
见《马克思恩格斯文集》第3卷,人民出版社2009年版,第195页。

然而，在英国，从来没有像现在这样普遍地感到，老的政党注定要灭亡，老的套语变得没有意义了，老的口号已被推翻，老的万应灵丹已经失效了。各个阶级的有思想的人，开始看到必须开辟一条新的道路，而这条道路只能是走向民主制的道路。但是在英国，工业和农业的工人阶级占人民的绝大多数，民主制恰恰意味着工人阶级的统治。

恩格斯：《工人党》
（1881年7月中）

见《马克思恩格斯全集》第19卷，人民出版社1963年版，第305页。

后 记

对于长期从事社科理论研究的工作者来讲，认真研读马克思主义经典著作无疑是一门必修课。能不能精耕细读马克思主义经典著作，很大程度上直接影响着理论创新、学术研究的科学性、规范性和严谨性。因此，几乎每名社科理论工作者都要认真研读马克思主义经典著作。

基于此，我们组织编写了这本经典论述摘编，其主要目的就是以工具书的方式将常用的经典论述摘选出来。这样做的最大好处就是便于读者从浩如烟海的经典著作中快速摘录相关论点，进而以清晰、简洁的形式将其重要论点呈现出来。

在编写过程中，编写组全体成员既相对分工，又密切合作。陈朋、黄丽、曹晗蓉经过深入交流，确定了书稿的总体框架。随后，编写组成员各负其责，具体分工如下：

王欣负责第一章、第二章，魏岩岩负责第三章，陈朋、曹晗蓉负责第四章，赵园园、黄丽负责第五章、第六章。各章节摘选完毕之后，陈朋、黄丽、汤顶华带领编写组成员进行了通读和修订。

在摘选过程中，我们参照、借鉴了先前出版的有关读物，得到了中央编译出版社的大力支持与帮助。特别是郗卫东社长和何蕾主任，为此做了大量沟通、协调工作，给予我们大力支持。在此，一并致谢。

编 者

2022 年 9 月 28 日